RATARIA

CORRUPÇÃO POLÍTICA NO BRASIL

Título original:

RATARIA
CORRUPÇÃO POLÍTICA NO BRASIL

Copyright @ 2021 - Léo da Silva Alves

Produção: Da Silva e Alves Consultoria (Brasília – DF)
Edição: Ana Cácia Freire
Projeto gráfico: Ana Paula Cunha (Rio de Janeiro)
Publicidade: VFX Vídeos (Joinville)
Capa: Amazon
Brasília – Distrito Federal, Brasil. 266 páginas
ISBN: 9798722313980

Palavras-chave:
corrupção – política – governo – democracia – eleições - fraude

Distribuição internacional:

Amazon Markteplace – EUA

SUMÁRIO

O AUTOR

Léo da Silva Alves é jurista com dedicação a temas relacionados à ética e à responsabilidade de agentes públicos. Foi professor de Direito Administrativo da Universidade Católica de Brasília e é professor convidado de escolas de governo, escolas de contas e escolas de magistratura em todo o país; autor de dezenas de livros, é conferencista requisitado por instituições públicas e acadêmicas na América do Sul, Europa e África.

Foi diretor científico do 13º Congresso Mundial de Criminologia e de seminários da *Societé Internationale de Criminologie*, órgão consultivo da ONU com sede em Paris; foi coordenador de encontros internacionais de juristas realizados em Portugal, Itália, Espanha e Grécia. Em 2020 integrou o *Comité Científico del Congreso Internacional sobre Corrupción Política*, organizado pela Universidade de Granada. Distinguido com condecorações pela *International Policie Association*, pelo Instituto Rui Barbosa (que congrega os 33 Tribunais de Contas do Brasil), por órgãos do Poder Judiciário brasileiro; recebido por personalidades do mundo político e científico em vários países, adota a pauta da democracia como direito universal dos povos. Foi candidato à Vice-Presidência da República do Brasil.

"Quem cabras não tem e cabritos vende, é
porque de algum lugar lhe vêm".

(Adágio espanhol da primeira metade do século 19)

À FRENTE CÍVICA portuguesa, pela colaboração com a experiência, os escritos, os pronunciamentos e a solidariedade na valorização da cidadania como recurso de enfrentamento à corrupção.

**Professor Paulo Teixeira de Morais
Doutora Maria Tereza Serrenho**

Ao ISTITUTO DIPLOMAZIA EUROPEA E SUDAMERICANA, que me permitiu dividir com juristas e personalidades italianas a causa pela democracia como direito humano universal.

Giornalista Ana Cláudia Barbuda

Ao Comité Científico – I CONGRESO INTERNACIONAL SOBRE CORRUPCIÓN POLÍTICA, Universidade de Granada/ Espanha, pelo estímulo à produção deste livro como resultado dos debates com juristas da Europa, América do Sul e América do Norte.

**Prof. Dr D. Lorenzo Morillas Cueva
Prof. Dr. D. Miguel Ángel Moreno Navarrete
Prof. Dr. D. Juan José Romero Abolafio**

*Dedico esse estudo à memória dos brasileiros que
morreram por falta de assistência do Estado e
pela abundância de apetite dos ratos da nação.*

1

O MUNDO DOS RATOS – OU
OS RATOS DO MUNDO

ato é a denominação atribuída a uma espécie de mamíferos da família Muridae; possui olfato aguçado e tem capacidade de rápida reprodução. Há pelo menos 700 tipos desses roedores no mundo, muitos nos esgotos da política e dos ofícios públicos.

Há 10 mil anos essa praga inferniza a humanidade. Basta um rato para devorar os alimentos de uma despensa inteira; são capazes de detectar armadilhas, possuem um senso de direção impecável e conseguem identificar os melhores caminhos para os seus objetivos. Fisiologicamente os ratos têm muito em comum com a espécie humana, tanto que preferencialmente são utilizados em pesquisas e ensaios clínicos; eles são aproveitados em 95% desses experimentos, que vão desde remédios para câncer até a produção de vacinas. Foi no início do século 20 que se desenvolveu a Ciência de Animais em Laboratório. Os roedores se destacaram desde o início, surgindo a expressão *Rattus Norvegicus* (rato de laboratório) a partir de uma espécie originária da Ásia Central que se espalhou pelo mundo.

Sob a ótica pragmática, a escolha desses animais está no fato de serem pequenos e, portanto, guardados em lugares menores nos centros de pesquisas; adaptam-se com rapidez à mudança de ambientes, têm baixo custo e em cativeiro eles são dóceis, o que permite manuseio com tranquilidade. Mas há algo mais significativo para o aproveitamento da ciência: genética e biologicamente os ratos são parecidos com as pessoas. Mas não é só: os bichinhos apresentam características comportamentais que em muito se parecem com as dos humanos.

De forma alegórica, costuma-se brincar: "Você é um homem ou um rato?". O sentido pode ser depreciativo, partindo da equivocada percepção de que entre ratos e humanos há enorme diferença. Não é verdade. A professora Luciane Valéria Sita, do Laboratório de Neuroanatomia Química do Instituto de Ciências Biomédicas da Universidade de São Paulo, diz[1]: "(...) homens e ratos têm muito em comum, entre outras coisas as mesmas necessidades básicas que permitem a continuidade da espécie, por isso o mecanismo cerebral que comanda esses comportamentos são muito parecidos".

Apesar de se vincular o rato à figura do ladrão, larápio, asqueroso, há ressalvas, uma vez que os ratos em geral são incapazes de ferir uns aos outros. Há ensaios de laboratório a mostrar o clima de empatia e solidariedade entre esses animais, assim como experimentos que mostram que alguns desses bichos são desprovidos dessa característica. Essa semelhança entre o cérebro humano e o dos ratos é super empolgante por duas razões, diz Christian Keysers, que trabalha no Instituto Holandês de Neurociência. Primeira, sugere que evitar machucar o outro já está profundamente enraizado na história evolutiva dos mamíferos. Além disso, a descoberta pode ter um grande impacto em pessoas que sofrem de distúrbios psiquiátricos, como psicopatia e sociopatia, e que possuem o córtex cingulado anterior comprometido.

Liz Langley produziu para *National Geographic* a matéria "Ratos evitam ferir seus semelhantes, e descoberta pode ajudar a entender sociopatas". Nesse texto, ele aponta que atualmente não existem medicamentos eficazes para reduzir a violência em populações antissociais, citando estudos de Keysers, mas observa que, segundo o cientista, "descobrir como aumentar nesses pacientes a aversão a ferir outros pode ser uma ferramenta poderosa"[2]. O estudo relata:

Ratos parecidos com humanos

Para o primeiro experimento, Keysers e sua equipe treinaram 24 ratos de ambos os sexos para empurrar duas alavancas diferentes que os presenteava com uma guloseima, até os animais desenvolverem preferência por uma das alavancas. Depois disso, os cientistas mudaram o experimento. Quando o rato empurrava sua alavanca favorita e recebia seu doce, um rato próximo a ele levava um choque no pé.

Nove ratos, que perceberam seus colegas reclamando com um grito, imediatamente pararam de apertar a alavanca preferida e mudaram para a menos preferida, que ainda liberava doces.

Os ratos do estudo demonstraram uma série de reações ao experimento, o que surpreendeu Keysers. Por exemplo, um rato parou de utilizar ambas as alavancas após perceber o primeiro choque, aparentemente angustiado, e outros ratos demonstraram indiferença nas duas ocasiões, diz ele.

> Essa variação "também é empolgante, pois sugere a possibilidade de semelhança nos humanos com diferenças específicas".

O escrito de Liz Langley reflete que, assim como nos humanos, a empatia dos ratos tinha limites. Quando o experimento foi repetido oferecendo uma recompensa de três doces, os ratos que trocaram de alavanca anteriormente, evitando machucar outros ratos, deixaram de fazê-lo. Prossegue a matéria:

> Na segunda parte do experimento, Keysers e sua equipe utilizaram anestesia para inativar temporariamente o córtex cingulado anterior dos ratos que demonstraram aversão a ferir outros membros da espécie. Curiosamente, quando o experimento foi repetido, esses ratos anestesiados pararam de ajudar os outros ratos.

Surge uma questão, apontada por Jeffrey Mogil, neurocientista social da Universidade McGill, no Canadá, e citado na produção do *National Geographic*:

Os ratos estão de fato sendo altruístas, ou estão fazendo isso para reduzir seu próprio sofrimento, por ficarem ansiosos ao ver outro rato tomar um choque? Ao parar o que estavam fazendo, eles estão ajudando o outro ou estão ajudando a si mesmos?

Keysers diz que essa pergunta é difícil de responder, embora argumente que as razões que levam as pessoas a realizarem boas ações são igualmente complexas.

Seja qual for a motivação, ele acrescenta, é fascinante que o impulso de evitar machucar os outros já exista (...) quando humanos e ratos passaram a seguir caminhos diferentes na árvore evolutiva. Existem muitas outras similaridades entre ratos e humanos. Por exemplo, assim como os humanos, os ratos se viciam em substâncias, como a cocaína; têm consciência do conhecimento que possuem, um conceito chamado de metacognição; e demonstram violência quando submetidos à superlotação.

Os psicopatas institucionais, que operam nos meandros do poder, que se movimentam com agilidade nos cargos públicos para angariar vantagens pessoais à custa do Tesouro, podem ser vistos como essa exceção. Os indivíduos com deformidade moral estão entre 2% a 4% da população, um percentual que talvez possa ser comparado com a minoria de ratos indiferentes com a sorte do outro. O fato de representarem em ambos os casos um percentual aparentemente ínfimo, os resultados da falta de empatia é desastroso. Em outras situações, como apontadas pelos experimentos, emerge a dúvida entre o que é de fato altruísmo e o que é egoísmo. Os ratos podem ajudar, como cobaias, na futura compreensão desse fenômeno.

> Em espanhol, "rata" já tinha em 1605 a acepção de "ladrão que furta coisas de pouco valor"[3]; e o dicionário Houaiss elenca entre as acepções a "pessoa que pratica furtos em locais públicos". Desde o Império os jornais apresentavam ilustrações com ratos para chamar a atenção das fraudes eleitorais, das eleições roubadas, assim como para denunciar larápios que se valiam dos cargos para vender privilégios.

O certo é que, com exagero ou não, a súcia de vigaristas que buscam na política um meio de enriquecer e de misturar poder com vantagem tem relação com a rataria. A fraternidade é a regra do espírito humano, enquanto o descaso com o outro é gravosa exceção. O avanço de estudos com ratos de laboratório poderá um dia desvendar esse mistério que faz da racionalidade humana uma arma utilizada por alguns para, direta ou indiretamente, matar pessoas e instituições.

Os ratos palacianos usam o discurso dos pobres, mas com eles de fato não têm afinidade. Os miseráveis são objetos de uso para o alcance e mantença do prestígio em espaços de mando. A propósito, veja-se que o poder em si é legítimo, é inerente do princípio da autoridade e representa uma força que o Estado empresta ao seu preposto para que ele faça valer o interesse público. Quando o indivíduo usa essa ferramenta para benefício particular, posicionando-se em superioridade aos demais cidadãos, entra a figura detestável do privilégio. A história política brasileira é uma trajetória de privilegiados; alguns se valendo da fortuna para chegar às governadorias e delas desfrutar com despudor, outros usando os mandatos ou os cargos oficiais para fazerem fortuna.

2

CORRUPÇÃO E RUPTURA ÉTICA

A corrupção é uma palavra que tem sentido de ruptura, de decomposição, de apodrecimento. Daí a ser utilizada como um substantivo para classificar práticas que rompem com os valores morais que teoricamente se espera dos ocupantes de ofícios públicos. Nesse contexto se ajustam a decomposição da democracia e o perecimento das instituições. E os ratos, denominação genérica atribuída a diversas categorias de mamíferos roedores, como visto foram associados inicialmente aos pequenos furtos até ganharem posição como representantes da principal hierarquia da política brasileira. Da Grécia Antiga, quando o termo surgiu ligado à ideia de putrefação do corpo político, até hoje o vocábulo se vincula ao uso de cargos públicos para ganhos privados.

Há de se notar, portanto, que a ação dos ratos institucionais é secular; as nódoas no sistema político brasileiro foram alvos de severas abordagens de Rui Barbosa no início do século 20, mas a palavra corrupção em si ganhou importância nos anos 1950 quando Carlos Lacerda, político populista do então Estado da Guanabara, descobriu-a como rótulo de grande efeito para uso particular na medida em se que apresentava como tutor da honestidade e carrasco daqueles que, como ratos ladrões, amealhavam fortunas com o tráfico de influências ou usavam o poder para no poder continuarem. Desde então, não há campanha eleitoral no Brasil em que candidatos falaciosos deixem de apontar o dedo sujo para a imundície dos outros.

É certo que todos são contra a corrupção, desde que não seja a sua; constata-se, ainda, que a maior parcela da população aplaude os próprios corruptos quando eles pregam em palanques o enfrentamento a essa miséria moral – e o fazem com tal habilidade que parecem sinceros. Dizer-se contra a corrupção e prometer segurança pública se tornou uma ladainha nas campanhas eleitorais; na verdade, mero planejamento de retórica para agradar ouvidos tolos e ludibriar os incautos de sempre. É seguro que o tema combate à corrupção passou a ser um ativo na boca dos enganadores de plateias, na mesma proporção em que as práticas corruptas se repetem com dinamismo e descaramento de sempre.

Na mesma linha, repetir à exaustão a palavra "povo" é fórmula certa de arrancar aplausos, sabendo-se, todavia, que essa massa de eleitores – o povo propriamente dito – é um conjunto de inocentes úteis habilidosamente manobrados por interesses escusos.

Corrupção como crime e como meio de corrosão política

No vocabulário jurídico, a corrupção é um tipo penal no Brasil que corresponde à ação de "solicitar ou receber, para si ou para outros, direta ou indiretamente, ainda que fora da função ou antes de assumi-la, mas em razão dela, vantagem indevida, ou aceitar promessa de tal vantagem", nos termos do art. 317 do código criminal. Entretanto, a raiz latina da corrupção (corruptus) pode ser traduzida como quebrar em pedaços, como apontado no início. Nessa linha, é possível dizer que o Brasil é quebrado em nacos (corrompido) pelo desvio que vai além das vantagens obtidas por agentes que, direta ou indiretamente, agem nas sombras do Estado. Verifica-se, aqui, a descida de valores morais na própria sociedade, da qual saem com o manto da legitimidade os indivíduos que atacam o erário, enfraquecem instituições e empobrecem o país como ente estatal e como nação.

Sem que represente lustre acadêmico, mas com o sentido de facilitar a compreensão direta do fenômeno, é possível desenhar a corrupção da forma seguinte:

- **CORRUPÇÃO POLÍTICA** – corresponde à manipulação no jogo pelo poder para, a partir daí, usufruir de vantagens, seja pelo apego ao exercício do mando, seja pelas inúmeras oportunidades de proveito que podem ser subtraídas desse ambiente.

- **CORRUPÇÃO FUNCIONAL** – é entendida como sendo aquela que o ocupante de cargo público, inclusive da mais baixa hierarquia, obtém vantagem ilícita vendendo facilidades.

A corrupção política, já descrevera Rui Barbosa, é a mãe de todas. Se o sistema político é marcado por fraudes, por cartas marcadas, por disputa pelo poder a qualquer preço, todas as demais ilicitudes ganham naturalidade. O político e jurista baiano (1849-1923) sinalizou na tribuna do Senado de uma República que já estava moralmente esfacelada:

> A corrupção, senhores, desanima o trabalho, a honestidade, o bem; cresta em flor os espíritos dos moços, semeia no coração das gerações que vêm nascendo a semente da podridão, habitua os homens a não acreditar senão na estrela, na fortuna, no acaso, na loteria da sorte, promove a desonestidade, promove a venalidade, promove a relaxação, insufla a cortesania, a baixeza, sob todas as suas formas.

A corrupção que é o objeto deste texto está relacionada ao rompimento com valores éticos, com princípios morais, com a responsabilidade pública e, em essência, com a democracia como foi concebida. Aqui se movimentam os ratos, habilidosos, ágeis, de difícil extermínio.

3

CORRUPÇÃO NO IMPÉRIO

O Brasil tem o estigma da corrupção desde a independência de Portugal (1822), sem que esse marco no calendário afaste o caráter predatório da administração pública nos tempos de colônia, período em que historiadores afirmam que já havia uma enorme confusão entre os negócios que eram públicos e os privados. No primeiro Reinado, com Dom Pedro I, era uma banalidade a venda de títulos de nobreza, assim como se via escancarada a vulgaridade de funcionários de ínfimo escalação na burocracia do Império. Laurentino Gomes, autor dos livros "1808", "1822" e "1889", robusta trilogia sobre essa época, aponta a situação atual do país como resultado da herança da sua formação. Para uma população constituída basicamente de analfabetos[4], de hábitos sociais primitivos, o fato de o imperador e os ministros usarem dinheiro público para motivos particulares era algo no qual não se percebia ilicitude. O tráfico de influências, ainda que usual, somente escandalizava embaixadores estrangeiros, conforme registram cartas da época recuperadas por pesquisadores. Surgiu nessa quadra da história a expressão "jeitinho brasileiro", que persiste até hoje e é a estampa de um povo mundo afora; refere-se ao hábito de resolução de interesses privados por meio de fraude, como aponta o citado autor, reproduzido na publicação digital AH – Aventuras na História[5].

Embora o propósito, nesta introdução, seja situar a corrupção a partir do momento em que o Brasil surge como independente, é válido observar que com a vinda de Dom João VI, em 1808, chegaram pelo menos 15 mil portugueses bancados pelos cofres públicos. Essa turma que fugia da fúria de Napoleão se estabeleceu no Rio de Janeiro e foi mantida e favorecida com toda sorte de mordomias. O próprio rei, quando retornou para Portugal, raspou até o último tostão do Banco do Brasil; e, como era natural nessa época, nada se apurava. É compreensível, portanto, que a nação declarada livre já tivesse enraizadas a roubalheira e a impunidade.

Primeiro Império

D. Pedro I foi pródigo na admissão do tráfico de influência e, para tanto, se valia da intermediação da famosa amante Domitila de Castro, que ficou conhecida como Marquesa de Santos. Ela era o elo para a bem sucedida compra de favores reais. Há registros de 1825 de situações embaraçosas registradas por embaixadores acreditados no Brasil.

Fabio Prevelli é autor de texto com abundância de fatos: "Suborno, nepotismo, e compra de títulos: os escândalos de corrupção nos tempos de D. Pedro I"[6].

> Ângelo Agostini, um importante cartunista da época, foi uma das vozes ativas sobre esse tema. Em um de seus desenhos, ele usou ratazanas gordas usurpando do Tesouro Nacional. "A Casa Imperial sob D. Pedro II também possuía grandes verbas, como o chamado 'Bolsinho do Imperador', de caráter pessoal, do qual o monarca era dispensado de prestar contas".

Certamente por isso D. Pedro I era chamado de "caro Imperador"; não no sentido de ser "querido", mas de ser de fato "caro".

Registre-se a isolada resistência de um deputado do Ceará, José Antônio Pereira Ibiapina, que denunciou roubo de 497 contos de réis dos cofres do Tesouro Nacional em 1836, quando, com a renúncia de D. Pedro I e a menoridade de D. Pedro II, o governo estava nas mãos do tutor José Bonifácio de Andrade e Silva. Consta que em sessão do dia 15 de agosto daquele ano o deputado José Ibiapina pediu a destituição do ministro da Fazenda, Manuel do Nascimento Castro e Silva, episódio que levou a Assembleia Geral do Império a ser tomada pelo espanto. Esse cearense de Icó, que viveu entre 1806 e 1883, abandonou a política e se dedicou ao sacerdócio, passando a peregrinar pelo Nordeste na proteção dos pobres[7].

Segundo Império

Sobre a pessoa do imperador D. Pedro II pesa a favor a simbologia da austeridade. Ainda que fosse um governante dispensado oficialmente de prestar contas das verbas da Realeza, historiadores registram exemplos de prudência com as despesas públicas. Em viagens, reduzia a comitiva ao limite de três pessoas, não aceitou aumento de salário e cortou mordomias em palácio. Quando recusou uma verba de dois mil contos de réis para ele e de quatro mil contos para a filha Isabel, enquanto regente, pediu que "respeitassem o desinteresse de ambos por dinheiro"[8]. Pode-se dizer que em 49 anos de reinado, há raros registros de corrupção nos altos escalões, o que não significa que a prática estivesse ausente nos balcões da burocracia inferior. A partir de 1880, o imperador enfrentou situações que lhe debitavam apatia pelo controle. O caso mais significativo foi o sumiço de joias da Coroa que se encontravam na residência imperial do Palácio de São Cristóvão. Mas o que merece especial acento é a corrupção política, porque vigorava toda espécie de manobra. Comissões eleitorais, criadas para dar o lustre da regularidade, usavam o poder para barrar ou favorecer candidatos, fatos que são amplamente registrados em jornais da época. Charges publicadas na imprensa da segunda metade do século 19 mostravam ratos que "comiam o Tesouro Nacional", para se usar expressão da Revista Ilustrada, publicação de prestígio à altura[9].

O ambiente político favorecia a corrupção eleitoral. Durante todo o período imperial o alistamento de eleitores era uma seleção de privilegiados, reservado o direito àqueles que comprovassem determinada renda mínima.

Luiz Alberto Mendes Dias e Marcela de Souza Pereira trazem interessante apontamento no texto "Corrupção política: uma história brasileira"[10]: "A aceitação dos futuros eleitores dava-se após uma listagem elaborada e examinada por uma comissão que também julgava os casos declarados 'suspeitos'", uma situação que abria espaço para uma segunda triagem; a primeira era pelo poder econômico, a segunda pela conveniência.

Nota-se, assim, que o Primeiro e o Segundo Reinados tiveram a marca da corrupção, sendo que sob o poder de Dom Pedro II reduziram as questões diretamente associadas aos valores monetários, permanecendo, no entanto, um sistema eleitoral que era manipulado facilmente por grupos privilegiados. Em seu entorno, havia casos de enriquecimento ilícito que levaram à famosa expressão popular: "Quem furta um pouco é ladrão. Quem furta muito é barão. Quem mais furta e mais esconde, passa de barão a visconde".

Tem-se no Segundo Império a insistência com a escravidão negra. O Brasil foi o último país a retirar essa mancha na história dos povos. Mesmo com a vocação abolicionista da segunda família real, que não mantinha escravos, esse câncer humanitário resistiu ao extremo sustentado pela burguesia que movimentava a atividade econômica a partir do trabalho de humanos trazidos com brutalidade dos confins da África. O jogo político tinha muito desse componente. O exercício do poder era uma forma de continuidade da exploração alheia e do enriquecimento particular; a frágil oposição munia-se de melhores méritos, o que, ainda hoje, pouco significa na avaliação da sociedade modorrenta ou cúmplice.

Foi a abolição da escravatura, enfim conquistada gradativamente com atos imperiais, a fagulha que acendeu os ânimos para o golpe de 1889 do qual resultou a implantação de uma falsa república. Pode-se deduzir que questões econômicas e interesses pelo poder falaram mais alto do que outros cenários, como o desgaste geral das monarquias que levou, por exemplo, à Revolução Americana (1776) e à Revolução Francesa (1789). Há quem sinalize a influência do positivismo, uma corrente filosófica que pregava o progresso contínuo da humanidade; a Guerra do Paraguai, vencida pelo Brasil, causou, entretanto, um grande endividamento do país com a Inglaterra, transferindo ao imperador o deslustre da imagem, ao passo em que militares saíram como heróis desse confronto e, por conseguinte, ganharam projeção que lhes permitiu vislumbrar o protagonismo político. Enfim, os arquitetos da reforma convenceram o marechal Deodoro da Fonseca, monarquista e amigo pessoal de Dom Pedro II, a ser o líder da rebelião, emprestando aos ratos golpistas o prestígio que possuía junto às tropas.

É necessário corrigir a história ufanista: a República não foi um movimento popular; não houve qualquer revolta da população, que a tudo assistiu de longe, sem saber de nada. Alguns aplaudiam a evolução
de cavalos, sem mesmo compreender o que acontecia.

4

CORRUPÇÃO NA REPÚBLICA VELHA

A República chegou na véspera da última década do século 19, sob o embalo de forte propaganda; faltava, todavia, o principal em política séria: o povo. Tratava-se de um golpe militar que mudava o regime e não considerava a população. Assim, abriu-se uma fenda pela qual escorreu com abundância o pouco de respeitabilidade do Império e, sobre ela, foi construída a ponte para ampliar as oportunidades particulares das elites. Nascia a república dos desiguais. A maior parcela da gente brasileira continuou escrava da miséria, da manipulação política e do uso dos recursos do Estado para o aproveitamento de oligarquias que até hoje se mantêm em revezamento nos principais espaços de mando. Então, na medida em que a corrupção se acomodou sem maiores percalços, pode-se dizer que o Brasil vagou pelas décadas seguintes como uma nação anestesiada pelo sistema ou dele a participar por confortável conveniência. É atual a máxima do Marquês de Maricá (1773-1848): "Um povo corrompido não pode tolerar governo que não seja corruptor".

Os primeiros passos da República

A proclamação da República brasileira foi um golpe para implantar um sistema militar. Depois entraram em pauta os ajustes comerciais de São Paulo e Minas Gerais, com a chamada política do "café com leite". Era um simulacro de alternância no poder. Vale ressaltar dois testemunhos: Alberto Sales, irmão do presidente Campos Sales, arrependido de ter apoiado o golpe dos militares, disse em 1901: "Esse regime é corrupto e déspota". O então governador do Rio de Janeiro (1897/1900), Alberto Torres, não deixou por menos: "Este Estado não é uma nacionalidade; este país não é uma sociedade; esta gente não é um povo; nossos homens não são cidadãos"[11].

De fato, aquilo que desavisados celebram a 15 de novembro foi uma ruptura institucional que colocou fim à monarquia no Brasil e fixou, já no início, um processo violento de poder. Não foram eliminadas as ditas inconveniências do período imperial; ao contrário, sob o rótulo republicano foi imposto um modelo de imperador com tempo de validade, ou reinados em rodízio. Presidentes com poderes absolutos, ou, tendo capacidade de nomear, distribuir cargos, repartir verbas, compartilhar mordomias, colocam até nos dias atuais os outros poderes de joelhos, quando não os fecham.

A República Militar iniciou com a censura à imprensa, porque, como acontece em regimes de arbítrio, toda contestação era vista como conspiratória, mesmo que não houvesse nenhuma relação com esse objetivo. As armas do governo se voltaram contra jornalistas, acusados de fazerem propaganda antirrepublicana. A liberdade, um dos pilares da República, começava a ruir nesse momento.

Avançava, paralelamente, a barganha por espaços de compadrio; distribuição de cargos que dessem prestígio; prestígios que dessem votos; votos que rendessem fortunas. Personalidades que cercavam o primeiro presidente entabularam tramas, aproveitando-se da crise econômica provocada pela infeliz gestão do ministro da Fazenda, Rui Barbosa. O desemprego e as desigualdades sociais geravam ambiente de convulsão, com destaque para a Revolta da Armada. Deodoro renunciou nove meses depois de ser confirmado presidente pela Constituição de 1891, entregando o país ao marechal Floriano Peixoto.

Peixoto assumiu como o Consolidador da República, o exagerado simbolismo de que se valia para apregoar que conseguiu sufocar todas as oposições. O preço foi alto. Mais apropriado o codinome de Marechal de Ferro. Enfrentou a segunda Revolta da Armada e, ao decidir pela destituição de todos os governadores, deu margem à Revolução Federalista no Rio Grande do Sul, um dos mais sangrentos conflitos da história brasileira, quando foi instituída a bárbara prática da degola. Pode-se dizer que abriu o palco nacional para o até agora famigerado jogo de equilíbrio na presidência a partir de costuras com favores pontuais. O presidente se aproximou da oligarquia paulista para fazer contraponto a movimentos hostis; os interesses pessoais estavam na mesa em supremacia quando comparados às prioridades da nação. Sem apreço pela democracia, investiu contra o Supremo Tribunal Federal. O Brasil, dessa forma, dava uma guinada para trás em civilidade, a se comparar ao prestígio que chegou a ter com Dom Pedro II.

Com a saída de Floriano Peixoto ao fim do mandato, a República Militar, inserida historicamente como a primeira fase da República Velha, dá lugar à farsa democrática: a Presidência da República com civis, com o voto popular de aparência, sem valor algum no processo. As verdadeiras decisões eram cerzidas nas fazendas e nos casarões da nova nobreza.

Esse período da República Velha se estendeu até 1930. Teve treze presidentes, além de outros dois que não puderam assumir os cargos. Ganhou força o chamado coronelismo, uma forma de controle dos eleitores por chefes políticos regionais, os autodeclarados coronéis. No Império, o exercício do voto era condicionado a uma renda mínima; retirado esse requisito, aumentou o número de eleitores e sobre eles passou a existir um rigoroso controle, daí a ser cunhada a expressão "voto a cabresto".

Luiz Alberto Mendes Dias e Marcela de Souza Pereira, em texto já citado, descrevem os coronéis como donos de infindáveis hectares de terra que impunham coercitivamente o voto desejado aos seus empregados, agregados e dependentes. E lembram que outra forma comum de eleger algum candidato era pela compra de votos. "A forma mais pitoresca relatada no período foi o voto pelo par de sapatos". Essa prática consistia em distribuir para o eleitor um pé do sapato e somente depois de garantida a eleição completar o conjunto.

Portanto, cada coronel tinha, pela influência que exercia sobre os miseráveis, a capacidade de controle do voto e infeliz era aquele que exercesse a liberdade de escolha. Esse quadro combina com outra realidade: o clientelismo. Aqui se estabelece uma relação de dependência, ou de promiscuidade, caracterizada pela troca do voto por favores. Esta vertente, aliás, persiste até a atualidade, porque políticos corruptos se baseiam na fragilidade das pessoas e, à míngua de qualquer coisa, obtêm os seus sufrágios.

Talvez a primeira eleição que se pode apontar como sendo teoricamente disputada ocorreu em 1910, entre Hermes da Fonseca e Rio Barbosa. Perdedor, Rui apontou a fraude eleitoral como a mãe de todas as fraudes. Disse que se consumou naquele pleito "o mais atrevido estelionato eleitoral, de que jamais foi vítima este povo". De fato, era o período em que os eleitores em grande parte eram tratados no sistema a cabresto, coagidos; as candidaturas eram negociadas, apareciam votos fantasmas; a depender da conveniência as urnas tinham mais cédulas do que eleitores e as atas das zonas eleitorais traziam adulterações para corresponder às verdades dos coronéis – estes, por sua vez, negociavam as respectivas influências com as elites regionais, que, em sequência, usavam essa manobra como ativo para favores em âmbito nacional. Durante pelo menos 80 anos esse modelo se repetiu de forma escancarada; empreendedores rurais ditavam as regras para empregados e moradores pobres das redondezas; eles eram conduzidos até a boca da urna, com severa vigilância; os proprietários das suas consciências acompanhavam o resultado e se a contabilidade frustrasse a expectativa os suspeitos de traição podiam aparecer misteriosamente mortos.

Veem-se ainda nos dias atuais as sequelas dessa época: reduz o coronelismo e mantém-se o clientelismo. Nas periferias de áreas urbanas e em sítios rurais eleitores até esperam afoitos por essas datas, porque representam oportunidades para receberem centenas de tijolos, sacas de cimento, madeira, roupas, calçados, cestas de comida, migalhas em dinheiro e até pagamentos de contas básicas como de farmácia, água e energia elétrica.

Elsio Lenardão examina essa prática no brilhante texto "Gênese do clientelismo na organização política brasileira"[12]:

> A expressão mais recente das práticas políticas caracterizadas como clientelistas é aquela dada pela ação dos políticos que "baseiam sua carreira e máquina eleitorais na capacidade de atender demandas de benefícios visíveis e imediatos em troca da garantia de votos" (Dicionário de Ciências sociais, 1987: 277). De fato, a impressão que se tem não é a de que o fenômeno esteja de

volta, mas sim que ele nunca deixou de existir. Como aparece recorrentemente, é bem provável que o correto seja considerá-lo como um dos aspectos que compõem a vida política brasileira, um continuum, e não um adendo a ela.

República dos ricos

Foi na República Velha que o Brasil passou para uma fase de industrialização, principalmente nas cidades de São Paulo e Rio de Janeiro. Isso impulsionou a urbanização, com avenidas, iluminação pública, transporte coletivo (bondes) e teatros. Outros municípios se beneficiaram desse momento, como Manaus, Belém, Campinas e Ribeirão Preto. Entenda-se, no entanto, que quanto mais avançavam as melhorias usufruídas por fazendeiros e novos industriais, mais as famílias pobres eram empurradas para longe.

Percebe-se, dessa forma, a deturpação do principal sentido da democracia, bem conceituada por Abraham Lincoln: "A democracia é o governo do povo, pelo povo e para o povo". O povo é um detalhe, um objeto na boca de candidatos falastrões. Foi e é assim. Considerar-se democrático um país no qual as pessoas têm apenas direito a voto é pouco, muito pouco, no contexto desse valor universal. Se o povo não for o protagonista e o destinatário das ações públicas, o que existe é uma farsa, não mais do que isso. Então a serventia do sistema democrático não se limita ao exercício do voto, ainda que livre; completa-se com a distribuição dos recursos públicos na mesma correspondência.

Na antiga República o figurino que se via é o de todos participando para sustentar o Estado; de parcela da população com direito a votar (mulheres e analfabetos não votavam àquela altura), extraia-se apenas uma sombra de legitimidade; e a maioria dos votantes, em um país essencialmente rural, era levada a cabresto até o ponto de depósito do voto. Ao fim, os eleitos, sempre ricos e socialmente bem postos, ocupavam os tronos ditos republicanos para aproveitarem o poder em confraria e a realizarem obras e serviços para eles próprios, do seleto grupo oligárquico.

Os ratos do povo

É preciso debitar a uma parcela da população o ônus da podridão política que, certamente, advém da aceitação da prática imoral própria. O clientelismo, como foi apontado, é um exemplo desses tipos que imaginam obter vantagens vendendo o voto ou também trapaceando o próprio candidato com a promessa de fazê-lo, sem cumprir. A falta de consciência ética pode ser retratada em um episódio durante o governo do presidente Rodrigues Alves que, inspirando-se na reforma de Paris, pensou melhorar as condições de vida e de apresentação da cidade do Rio de Janeiro. Claro, não incluía a periferia; o objetivo era limpar a região central, onde estavam concentrados cortiços que abrigavam milhares de pessoas pobres. O presidente nomeou prefeito Francisco Pereira Passos e ambos, do alto do autoritarismo, passaram a demolir residências e construir avenidas e novos prédios, como o Theatro Municipal. Essa reforma obrigou a pobreza a se mudar para os morros.

Foi dentro desse contexto que iniciou, também, uma campanha sanitária. Era preciso enfrentar a variedade de doenças decorrentes do saneamento precário, o que elevou a disseminação de várias epidemias na época afetando os cerca de 800 mil moradores. Varíola, tuberculose, febre amarela, cólera e malásia eram resultados das moradias improvisadas e da falta de higiene.

A operação sanitária ficou por conta da Diretoria Geral de Saúde Pública (DGSP). Surgiram os caça-mosquitos, que invadiam à força as residências para fazer higienização e, a bem da verdade, retiravam doentes para serem hospitalizados e evitar o avanço do contágio. Entra nessa história o combate à peste bubônica e, para tanto, a população foi convocada a ajudar no extermínio dos ratos em troca de pequena recompensa financeira. O que aconteceu? Os ratos do povo, os otários, aqueles que dentro do extrato da sociedade se acham espertos e buscam vantagens, viram nisso uma oportunidade de renda. Ao invés da contribuírem para a extinção, passaram a criar ratos, que são de fácil multiplicação, para venderem ao DGSP. Aqui se tem uma mistura de miséria pessoal com a falta de consciência coletiva, jamais estimulada pelo exemplo dos detentores do poder. Essa característica é replicada em todas as eleições, nas quais os dois lados (corruptores oficiais e corruptos otários) tentam cada qual ter mais proveito. É evidente que o profissional leva vantagem, porque o outro, pensando ser esperto, na verdade é ingênuo, tolo; é incapaz de perceber que aquilo que imagina ser da sua serventia é apenas uma naca à custa da sua dignidade.

A imigração e a seletividade

As primeiras décadas do século 20 foram marcadas como período de fluxo migratório de asiáticos e europeus, fato muito bem recebido pela aristocracia porque, além da abundância da mão de obra, representava o embranquecimento da população, aumentando ao extremo o preconceito contra os afrodescendentes. Essa é uma mácula que, vinda da escravidão, passou por essa quadra em que os pretos eram escorraçados, relegados a subempregos, preteridos na educação, com acesso barrado expressamente em clubes ou festas de brancos e marginalizados das decisões políticas. Sendo algo que se estendeu no tempo, incorporou-se por décadas aos costumes de uma República desprovida de fraternidade.

O número era expressivo. O censo nacional realizado em 1920 apontava que dos cerca de 1.600.000 imigrantes que chegaram ao Brasil, 70° estavam concentrados nas regiões de São Paulo e Rio de Janeiro o que impulsionava a economia do Sudeste e "contribuía" para o clareamento da pele, algo visto como necessidade pelo falso creme da aristocracia. Em contraponto à segregação, avançava com vagar o movimento negro contra as desigualdades sociais. Já havia jornais e revistas voltados a essa parcela de brasileiros, em regra para denunciar as dificuldades do grupo no período pós-escravagista e apontar as mazelas do preconceito de raça. Essas publicações eram conhecidas como Imprensa Negra Paulista; em 1931 foi fundada a Frente Negra Brasileira.

Para as elites brasileiras, muitos fatores contribuíam com os seus propósitos. A Europa experimentava uma explosão populacional, o que reduzia a qualidade de vida; com a diminuição da mortalidade infantil no continente, aumentaram as populações camponesas e, por conseguinte, cada família se via cada vez mais com menos espaços de terras para a agricultura. Com essa pressão, imigrantes do Norte foram para os Estados Unidos; a América do Sul atraiu habitantes do Sul, os italianos, portugueses e espanhóis. Percentual menor chegou do Japão, Síria e Líbano. As passagens de navio eram subsidiadas pelo governo brasileiro.

Aristocracia e oligarquia

Na origem, a aristocracia significa o governo dos melhores. A palavra é a composição de dois termos gregos: *kratos* (domínio) e *áristoi* (os notáveis, os que se destacam). Na Antiguidade clássica, os aristocratas apareceram como um intermédio entre a monarquia, que era o governo por uma pessoa, e a democracia, que seria o governo por todos. Estabelecendo-se como meio termo, a aristocracia foi considerada o governo por alguns, teoricamente os melhores, selecionados entre figuras com prestígio.

Camila Betoni faz um magnífico traçado em seu texto "Aristocracia"[13].

> Para os filósofos gregos, na aristocracia o poder estaria na mão dos cidadãos que fossem dotados de uma boa formação moral, capaz de interpretar os interesses do povo. Com um extraordinário conhecimento sobre a ética,

esse grupo estaria blindado das possibilidades de corrupção orquestradas para privilegiar interesses próprios ou o interesse dos mais ricos.

A autora sinaliza com propriedade a transmutação da aristocracia como governo dos melhores, com sentimento ético de atender a todos, para uma fase de apropriação do poder para servir aos próprios interesses:

> Durante a Idade Média, o termo aristocracia ganha um novo significado, com o qual estamos mais familiarizados hoje. Como aristocracia passa a se denominar o grupo privilegiado de pessoas que ocupam a posição mais abastada no estrato social das sociedades europeias durante a Idade Média e parte da Idade Moderna. Tais privilégios, quase sempre, eram repassados geração após geração de forma hereditária. O terno nobreza é um sinônimo desse conceito medieval. Hoje em dia, a palavra aristocracia é ocasionalmente usada de forma genérica como referência as classes sociais mais ricas.

Nos arredores dessas classificações surge a oligarquia, que consiste no exercício do poder por um pequeno grupo de pessoas pertencentes ao mesmo partido, classe ou família. Também de origem grega, a palavra significa governo de poucos. E esse reduzido agrupamento se estabelece no poder, diretamente ou por seus prepostos, para controlar as políticas sociais e econômicas em benefício de interesses próprios. Sem adentrar em águas doutrinárias de profundidade, pode-se simplificar o apontamento com o resgate da percepção dos gregos sobre os oligarcas: eram vistos negativamente, porque estavam associados às pessoas de alto poder aquisitivo. Enquanto os aristocratas, em tese, formavam um grupo de notáveis com senso coletivo, os oligarcas eram acometidos da miopia social e enxergavam exclusivamente aquilo que lhes proporcionasse vantagens.

Não é difícil perceber essa mistura na política brasileira: da aristocracia distorcida, de certa maneira sendo uma forma descolorida de oligarquia. A República acirrou essa vertente, desde quando Floriano Peixoto passou a ter relações de interesse com as elites rurais, fazendeiros e grandes comerciantes da época. O século 20 teve por muitas décadas presidentes da República oriundas de famílias ricas; governadores de Estados provenientes do mesmo ambiente; como exemplo, usineiros no Nordeste, fazendeiros e industriais no Sul e Sudeste. As eleições para as prefeituras seguiam a mesma lógica: os coronéis eram eles próprios os alcaides ou colocavam na gerência dos municípios as pessoas por eles escolhidas para servirem especificamente os seus interesses. O povo, a cabresto, depositava nas urnas a vontade dos ricos.

5

GOVERNO PROVISÓRIO
E ESTADO NOVO

O golpe de 1930 colocou fim à República Velha, desmontando as costuras entre as oligarquias de São Paulo e Minas Gerais, geridas por políticos que, eleitos por métodos fraudulentos, representavam os próprios negócios. Mais uma vez os setores militares se apresentaram insatisfeitos, vislumbrando nova oportunidade de, saindo da condição de um serviço de Estado, tomar o Estado para si, como supostos tutores da paupérrima nação. Surgia no início dos anos 1920 o movimento conhecido como Tenentismo, baseado em uma série de rebeliões de oficiais de baixa e média patentes. Uma circunstância veio a favor: nas eleições de 1930 as oligarquias do "café com leite" entraram em atrito. Na roleta das conveniências, era a vez de Minas Gerais "eleger" o seu presidente, mas São Paulo lançou Júlio Prestes, rompendo o antigo pacto. Em protesto, políticos mineiros aderiram à candidatura do gaúcho Getúlio Vargas.

Com as fraudes de praxe, venceu o paulista Julio Prestes. Como visto, a democracia no Brasil era meramente simbólica; aos eleitores cabia a ratificação das decisões tomadas em fazendas e palacetes oficiais ou particulares – e a garantia de que assim fosse estava no controle dos coronéis. Isso valia para o Parlamento, também sob o controle dos dois Estados. Para combater uma fraude, nada melhor do que outra com melhor articulação. As lideranças do Rio Grande do Sul, Minas Gerais e Paraíba se serviram do entusiasmo do movimento tenentista; e, como um cadáver nobre sempre causa clamor, o grupo se apropriou de um episódio particular, o assassinato do candidato à Vice-Presidência ao lado de Getúlio, o paraibano João Pessoa. Foi fácil incendiar uma revolta popular que, grosseiramente, pode-se dizer que foi montada em cima de um caixão fúnebre. O então presidente Washington Luiz experimentava uma situação crítica e os chefes militares do Exército e da Marinha (não havia Aeronáutica) depuseram o enfraquecido Chefe de Estado. Ao pretexto de estabelecer uma nova ordem constitucional foi dissolvido o Congresso Nacional, houve intervenção nos governos estaduais e foi revogada a Constituição de 1891. Uma junta provisória entregou o poder a Getúlio Vargas que, nos quatro anos seguintes, governou por decretos. O Brasil era uma República com um rei absoluto.

Como o passar do tempo sem sinalizar para a democracia, Vargas passou a ser pressionado, dando causa à Revolução Paulista de 1932. Os líderes de São Paulo acreditaram que o presidente empossado à força logo convocaria eleições e providenciaria a feitura livre de uma nova Constituição, por meio de representantes de todo o país, o que não aconteceu. (Lembre-se que o mesmo se esperava do golpe militar de 1964, quando Humberto de Alencar Castelo Branco foi empossado pelo Congresso Nacional para supostamente comandar uma fase de transição, com eleições livres e segurança da democracia no Brasil. Ao contrário, ficou no poder por três anos e deu início a mais de duas décadas de ditadura militar.)

Getúlio aceitou convocar assembleia constituinte, que resultou na Carta de 1934, a segunda Constituição na história da frágil República e ficaram marcadas eleições presidenciais para 1938. Em 1937 iniciam as articulações de candidaturas, sendo mais evidentes as do governador de São Paulo, Armando de Sales Oliveira, a do situacionista José Américo de Almeida e a do presidente da Ação Integralista Brasileira, Plínio Salgado. Vargas se mostrava neutro.

O ardil está dentro do círculo da corrupção; é ferramenta de que se valem os que manipulam pela tomada do poder ou os que, no poder, mentem sem pudor para justificar a continuidade. E assim aconteceu em 1937, quando foi forjado um documento que, para ganhar credibilidade, ganhou o nome de Plano Cohen. Ali haveria "provas" de que os comunistas já estavam armados para comandar grandes insurreições pelo país. O falso documento foi usado por Getúlio como justificativa para decretar Estado de Guerra, fechar o Congresso e instituir uma Constituição aos seus moldes, de caráter fascista. Estava morta a Carta produzida em 1934.

Tenha-se em conta que um ano antes, em 1936, campanhas oficiais semeavam o medo em relação ao que se dizia ser o avanço comunista. Embora, como em várias partes do mundo, houvesse focos comunistas, o fato foi superdimensionado como artifício para perseguir qualquer opositor ao governo. Intelectuais e políticos que não tinham a menor relação com esses movimentos foram presos e torturados. Essa situação excepcional justificava a censura e os limites para a propaganda política dos candidatos à sucessão, criando o clima para o golpe dentro do golpe; e, assim, com plenos poderes, com mão de ferro, o ditador estendeu a sua permanência até 1945. Como meio de contrapeso à negação da democracia, Vargas apostou na industrialização do país, aproximou-se dos trabalhadores, aos quais estabeleceu normas de proteção que o fizeram ídolo de gerações; foi chamado Pai dos Pobres a partir de uma forte propaganda oficial, personalista, aos moldes do fascismo e das campanhas publicitárias levadas a cabo pelo gabinete de Hitler.

Talvez Getúlio, com essa forma particular de ver o Estado como seu, tenha dado origem ao personalismo que ainda resiste em cenários atrasados da política brasileira. Corriqueiramente os brasileiros assistem acirradas disputas pela paternidade de uma obra; governos municipais, nas unidades federativas e também o federal não operam com planejamento em longo prazo porque precisam entregar a sua marca durante os respectivos mandatos. Vivem da percepção das pessoas, na medida em que elas, com as mentes subvertidas, confundem a gerência da coisa pública com benefícios pessoais deste ou daquele governante. O povo é instrumento de manobra eleitoral, diferente de nação, que seria a destinatária das políticas de Estado, sem outro propósito que não seja o cumprimento universal das obrigações constitucionais.

Curiosamente foi no meio do cerceamento de liberdades que surgiu o primeiro Código Eleitoral do Brasil. Em 1932, o diploma trouxe a criação da Justiça Eleitoral, padronizou as eleições no país e implantou o voto secreto e obrigatório, inclusive para as mulheres, o que era justa e elementar reivindicação desde que a República foi concebida. Isso não eliminou a combinação coronelismo e clientelismo, modelos já enraizados na prática política nos rincões do Brasil. A imaginação era fértil nas eleições estaduais e municipais. O método começava com o alistamento eleitoral, que era estimulado pelos chefes políticos aos seus fiéis e sonegado aos contestadores; na votação valia de tudo (sumiço de eleitores, ameaças, o transporte coletivo para gente de confiança até a boca da urna, distribuição de afagos, comida, roupas, etc.); a apuração, era exercício de aritmética própria: números eram multiplicados ou subtraídos e, dessa forma, apontados nas atas eleitorais que constavam na oficialidade como peças de ficção. Nas décadas seguintes os métodos apenas foram sofisticados, alguns ganharam contornos de modernidade e outros foram substituídos por recursos sutis, não menos lesivos à democracia como um bem universal dos povos. O grande volume de eleitores continua com atrofia na capacidade de discernimento político; mesmo pessoas com escolaridade, indivíduos supostamente esclarecidos, têm as inteligências pilhadas pelos demagogos. Eles exercem o controle mental com a habilidade dos ilusionistas de circo.

A queda de Vargas

Em 1942 começou uma campanha de popularização da marca Getúlio Vargas como forma de afirmar a personalidade no imaginário popular e preparar uma transição de um regime autoritário para um sistema mais aberto, algo que garantisse respaldo em toda a classe política. Surge o programa radiofônico "Hora do Brasil", que levava em ondas curtas a mensagem oficial, entrando todos os dias nos lares ainda sem televisão e com fracos sinais de pequenas emissoras de rádio. Evidentemente essa transposição do arbítrio para a tolerância passava por um caminho que mantivesse o poder nas mãos do caudilho. Mas a brecha de abertura permitiu o lançamento do famoso Manifesto dos Mineiros, contestando os arroubos ditatoriais.

O documento dizia:

> (...) se lutamos contra o fascismo, ao lado das Nações Unidas, para que a liberdade e a democracia sejam restituídas a todos os povos, certamente não pedimos demais reclamando para nós mesmos os direitos e as garantias que as caracterizam.
>
> (...)

Queremos liberdade de pensamento, sobretudo do pensamento político.

A histórica carta era assinada por 92 personalidades, muitas das quais vieram a apoiar o golpe militar de 1964, chegando alguns a ocupar cargos de relevo durante a ditadura, a que sacrificou a democracia e as liberdades, inclusive de pensamento político que expressamente reclamavam. O que é isso, senão a ruptura com a própria consciência? Poder-se-ia dizer que a ditadura dos outros não nos convém, mas aquela da qual usufruímos tem os seus méritos.

Enfim, a verdade é que o Manifesto teve repercussão; a União Nacional de Estudantes organizava passeatas contra o nazifascismo e entidades civis se organizavam pela democracia. Vargas prometia a normalização política após a definição da Segunda Guerra e, contrariando a publicidade, punia severamente quem considerava insuflar as divergências.

Verifica-se que esses regimes de força sempre encontram subterfúgios com os quais pensam legitimar o apego aos cargos de mando, a subserviência do povo aos seus ditames e as razões pelas quais não se pode entregar o poder ao "inimigo". O exercício do medo continua de serventia mundo afora, nos lugares onde a arte de bem governar os povos é deturpada pelos manipuladores, larápios institucionais e personalidades narcisistas.

O tempo, no entanto, gera desgastes. Há limites para gerações que não resistem a uma vida inteira sob as mesmas botinas. A imprensa desconsiderava a censura oficial e as oposições lançaram o Brigadeiro Eduardo Gomes para a Presidência da República. Na tentativa de controle, Getúlio nomeou o seu irmão Benjamin Vargas para chefiar a Polícia do Distrito Federal. Logo vieram os boatos, sempre mais poderosos do que as verdades, espalhando que Benjamin prenderia todos os generais que estivessem a conspirar contra o presidente. Resultado: no dia 29 de outubro de 1945 o Alto Comando do Exército tomou a frente e Vargas, conformado com a deposição, se recolheu à icônica fazenda em São Borja. O governo foi entregue ao presidente do Supremo Tribunal Federal, José Linhares, uma vez que, como ditador, Getúlio não tinha vice e o Parlamento não funcionava. Em janeiro de 1946 assumiu o presidente eleito, o matogrossense Eurico Gaspar Dutra.

6

O PODER DO BOATO
E DA IMPRENSA

Eurico Gaspar Dutra venceu as eleições a partir da boataria que se espalhou com uma palavra mal empregada que mudou o destino do país. Durante toda a campanha eleitoral, Eduardo Gomes aparecia como favorito. Mulheres por toda parte produziam em grande escala os bombons caseiros de chocolate (os brigadeiros) para arrecadar fundos para a candidatura. Mas veio a fatalidade: em uma palestra no Rio de Janeiro o candidato disse que não precisava dos votos dos getulistas, a quem teria descrito como uma "malta de desocupados". Os seus opositores usaram e abusaram na amplificação dessa parte do discurso, qualificando Gomes como alguém com desprezo aos pobres. Foi o suficiente. Os trabalhadores migraram para a até então fraca candidatura de Dutra.

Quem não conhece histórias semelhantes? Municípios, Estados, Distrito Federal e República tiveram por várias vezes os seus destinos alterados por uma fala infeliz ou por uma frase reproduzida fora do contexto. Sempre houve quadros habilidosos em atribuir aos adversários as afirmações que eles nunca fizeram.

O boato é ferramenta da corrupção política; a mentira é instrumento de enganação do povo. Os antigos romanos sabiam disso e se valiam de imagens para enganar uma população formada estruturalmente por analfabetos, como consta na obra do pesquisador Néstor F. Marqués, autor de *"Un Año en la Antigua Roma: La Vida Cotidiana de los Romanos a Través de su Calendario"*[14]:

> Nem todo mundo sabia ler ou escrever, por isso a informação visual era muito importante. A forma mais rápida de difundir a chegada de um novo imperador era cunhar moedas com sua cara. (...) O imperador Septímio Severo, nascido em Leptis Magna e que nada tinha a ver com seu antecessor, o malogrado Cômodo, para legitimar seu poder decidiu espalhar a ideia de que ele próprio era o irmão perdido de Cômodo, filho ilegítimo de Marco Aurélio, e por isso a pessoa mais adequada para ocupar o cargo. Nas primeiras moedas que cunhou, se fez

retratar com traços muito parecidos com os de Marco Aurélio.

Claude Gauvard, professora emérita da Sorbonne, estudou, por sua vez, o universo dos boatos e das mentiras da Idade Média. Em entrevista para El País[15], ela explica: "Um cavalo podia percorrer 30 quilômetros por dia, mas o tempo que se levava para transmitir uma informação podia se acelerar dependendo do interesse da notícia". A pesquisadora narra o emprego de jograis e o aproveitamento de vagabundos e peregrinos que percorriam grandes distâncias e, portanto, eram usados para levar e distribuir a informação falsa, cujo conteúdo era politicamente relevante. Segundo o jornal, "a historiadora acredita que o exemplo mais claro para demonstrar a importância das mentiras são as caças às bruxas e as calúnias contra os judeus, autênticas campanhas de desinformação com resultados catastróficos", em todos os casos manipulados por autoridades.

Desde as primeiras eleições no Brasil a chamada "boca invisível" funciona ativamente. Aquilo que atualmente se conhece por *fakes news* nas modernas redes sociais nada mais é do que a sofisticação eletrônica do que já se fazia nas campanhas eleitorais provincianas no Império e, depois, durante anos de República. Pessoas com habilidade para a mentira eram distribuídas em praças, onde as pessoas costumam circular; havia feiras, cafés, barbearias e comércio nas redondezas. Os falastrões soltavam o boato na conversa com um grupo, que geralmente os tinha por pessoas bem informadas. Cada ouvinte ia para a sua casa ou para o clube (ponto de convivência de então) reproduzindo a lorota por onde passava. Isso ganhava em poucas horas uma progressão geométrica. Biografias eram destruídas nos passeios públicos; ou embusteiros recebiam louvores, em uma projeção de dignidade a partir do relato de méritos que não tinham.

O jornal El País é contundente ao declarar[16]:

> Uma das grandes tragédias do século XX, as matanças maciças promovidas pelos grandes totalitarismos, conseguiu se esconder detrás de notícias falsas. As ditaduras nazista e soviética não só fabricaram falsidades tremendas como também foram capazes de construir outra realidade, em que o verdadeiro e o falso eram elementos acessórios.

A Primeira Guerra Mundial foi incendiada pela boataria de que soldados alemães esmagavam crianças belgas contra os muros. Isso ajudou a debilitar o moral do inimigo e a aumentar o ódio contra a Alemanha. Depois foi a vez de a máquina de propaganda do Terceiro Reich utilizar os boatos, valendo-se do princípio de que "uma mentira repetida mil vezes torna-se verdade", como ensinava o ministro de propaganda de Adolf Hitler.

A matéria "Nazistas: mestres das fakes news"[17] expõe o método dos ratos da política desde sempre:

> Um mês depois de ser empossado como chanceler da Alemanha, no dia 27 de fevereiro de 1933, Adolf Hitler viu no incêndio que tomou conta do Reichstag, o prédio onde funciona o parlamento alemão, a desculpa perfeita para começar o enrijecimento de seu governo e transformá-lo em uma ditadura. O partido nazista colocou a culpa do incêndio em Marinus van der Lubbe, um líder comunista, e passou a declarar que o ocorrido era parte de uma conspiração de esquerda para derruba-lo e todo o governo. A perseguição do chanceler ao Partido Comunista a partir do incêndio no Reichstag ficou compreendida como o passo fundador do que viria a ser a ditadura nazista na Alemanha.

Não se pode esquecer uma das mais descaradas mentiras do governo norte-americano na gestão de George W. Bush. Para justificar um ataque preventivo ao Iraque, iniciado em 2003, o então secretário de

Estado Colin Powell fez meticulosa apresentação perante o Conselho de Segurança da ONU a demonstrar que o país possuía perigoso arsenal nuclear. Apontou com metodologia onde estavam e quais seriam as armas e, com base nessa balela, os EUA empreenderam uma guerra sanguinária que destruiu o Iraque. As indústrias da reconstrução e os fabricantes de armas agradeceram.

Não é surpresa, nessa linha, que até a "descoberta" do Brasil seja produto de falsidade. Tratou-se da invasão de portugueses a um território que já possuía milhões de nativos. Dois outros fatos são produtos de boataria da época: que as embarcações de Pedro Álvares Cabral teriam chegado ao Brasil por acaso; e a de que o navegador português foi o primeiro europeu a pisar o solo brasileiro. O navegador Duarte Pereira, dois anos antes de Cabral, já passeava pelo Pará e Maranhão; e o espanhol Vicente Yáñez Pinzón já se tinha banhado no litoral de Pernambuco muito antes de Pero Vaz de Caminha escrever a famosa carta ao rei de Portugal. Mas o ego do rei D. Manuel certamente foi às alturas ao passar aos súditos as boas-venturanças.

Em 1981, ainda no andar da ditadura, dois militares tentaram explodir uma bomba durante um show no Riocentro, grande espaço na capital carioca. O regime tentou vender a ideia de que, na verdade, foram terroristas que jogaram o explosivo no colo dos anjos à paisana que estavam inocentemente em um veículo no estacionamento.

Então, com esse rápido e sombrio desenho, constata-se que na política, na disputa pelo poder, é comum os roedores atacarem a verdade. Getúlio Vargas não fugiu desse modelo e, por considerável tempo, manobrou com habilidade a sua rataria. Assim foi antes; assim foi depois, com governantes que se hospedaram nos palácios da falsa República à custa da mentira e, sobre os seus tapetes, continuaram a mentir.

Imprensa e corrupção

Por muitos anos floresceu, a propósito, a chamada imprensa marrom, marcada pelo jornalismo sem escrúpulos. Essa denominação em língua portuguesa surgiu no Brasil em 1959, quando o jornal Diário da Noite, do Rio de Janeiro, recebeu informações que uma revista que tinha o sugestivo título de Escândalo extorquia dinheiro de pessoas famosas para encobrir situações embaraçosas. A variante marrom vem do amarelo, cor que no final do século 19 os norte-americanos atribuíam a um jornal especializado em fofocas.

A história do jornalismo brasileiro mostra, com poucas reservas, que era costume o jornal ser porta-

-voz do seu proprietário. E, em assim sendo, é natural a influência nos humores políticos, o que na atualidade pode ser transferido para as grandes redes de televisão. Cada qual reflete a visão dos seus acionistas ou, o pior, os interesses financeiros daquele segmento que, antes de tudo, tem natureza empresarial. Em que pese o avanço ético experimentado desde o advento do código profissional em 1987, sabe-se que a imparcialidade não condiz com a natureza humana. Ninguém é absolutamente imparcial, sobretudo quando há negócios em jogo na soma de cifras fabulosas. Uma imprensa perseguidora, repetitiva no tom, pode induzir uma sociedade ao erro; uma imprensa servil ao governante é de igual torpeza.

O texto de Waldir José Rampinelli[18] é objetivo:

> Francisco de Assis Chateaubriand, ao longo de seus quarenta anos de vida criminosa (1928-1968), chantageou, achacou e corrompeu todos os presidentes brasileiros, excetuando-se apenas um: João Goulart. De Getúlio, arrancou empréstimo de um banqueiro gaúcho para comprar a revista "O Cruzeiro", como também a incrível emissão do Decreto-Lei "Teresoca", que lhe favoreceu na disputa judicial com sua mulher pela guarda da filha Teresa; de Dutra, exigiu a imediata demissão do ministro da Educação, recém

nomeado, por ser um desafeto seu; de Juscelino, quis sua nomeação para a embaixada em Londres por mera questão de vaidade e o pagamento das dívidas do MASP; dos ditadores de 1964, extraiu o apoio ao seu império midiático. Até o "grande" jurista Nelson Hungria, que na condição de juiz estava de férias no interior de Minas Gerais, foi buscado para reassumir a 4ª Vara no Rio de Janeiro e anular a sentença de um substituto que havia contrariado os interesses de Chatô. Com Goulart, os veículos Associados perderam, da noite para o dia, as sempre generosas benesses do Banco do Brasil, do Ministério da Fazenda e dos institutos de previdência. Por isso, atacou-o sistematicamente, bem como seus chegados: Darcy Ribeiro, Celso Furtado e Almino Afonso.

Mesmo o histriônico Carlos Lacerda, no exagero da contundência, levantou casos que abalaram a República nos anos 1950. O financiamento da CIA ao golpe de 1964 foi um tiro da honestidade dos principais jornais do país. Folha de S. Paulo e O Globo assumiriam, anos depois, o erro cometido, seja por financiamento de seus colaboradores, seja pelo equívoco histórico no embarque da histeria comunista. Jornais ajudaram a inflar a população a favor de um conservadorismo que iria levar o Brasil ao declínio da democracia, da emancipação e da transparência, em nome de Deus, da Família e da Liberdade.

Afastadas as naturais impurezas de todo setor, é lícito destacar, por outro turno, que o jornalismo profissional, tem contribuído com o chamado controle social. Os principais episódios de corrupção a partir de 1990 foram desnudados a partir de publicações nacionais. Falharam todos os recursos institucionais, da Justiça Eleitoral às Cortes de Contas de então, da Polícia Judiciária ao Ministério Público. Essas estruturas do Estado somente se mobilizaram a partir das repercussões de reportagens de caráter investigativo, construídas com robustez de elementos. Então, quando a memória remete para um período do jornalismo de achaque, de conveniência ou ideológico, é necessário ressalvar que, ainda que sob a interveniência de proprietários ou promiscuidades aqui e ali, a mídia profissional brasileira tem sido de grande valor na atualidade para desnudar a corrupção pública.

A imprensa laudatória não merece crédito. Órgãos de verdadeira informação não são amigos do poder, seja ele qual for. O dever é o da informação de fatos de relevância pública. Para a propaganda institucional os governos dispõem de verbas específicas. Essa falta de discernimento faz com que manipuladores de mentalidades frágeis façam crer que os jornais e telejornais mentem, escondem, distorcem ou fabricam fatos. Isso ajudou a proliferação das redes sociais, com publicações falsas ancoradas em jornais inexistentes, *blogs* de fanáticos que espalham lixo na opinião pública e verdadeiros crimes cometidos contra a honra de pessoas, sem apuração profissional e ao único propósito de destruir biografias; ou, no outro passo, a fabricar imagens de semideuses que não resistem ao crivo de um exame psicossocial.

É lastimável, reconhecer, por outro turno, que subsiste a excepcionalidade de emissoras de televisão que, por favorecimentos econômicos, se associam aos governos plantonistas e usam os seus noticiários e até programas de auditório ou de reportagens policiais para fazerem apologia a doentes morais; ao inverso, pode-se admitir a possibilidade de um ou outro veículo também se engajar em uma campanha difamatória lastreada por motivos não menos daninhos. É um desserviço à sociedade. O elogio merecido é o das boas relações humanas, mas isso passa longe de ser uma política editorial; a acusação desprovida de evidências igualmente é incompatível com a responsabilidade social da mídia, que forma opiniões em um país no qual as pessoas não têm o hábito da leitura de qualidade e, portanto, são privadas de indicadores idôneos para a formulação dos próprios pensamentos. Felizmente o Brasil avança como regra na trilha da lealdade dentro das redações, a despeito de campanhas vindas dos subterrâneos onde se ocultam os ratos, ou da circunstancial conivência de donos de emissoras submissos às verbas e benesses que o poder momentâneo pode oferecer. Nesse pântano estão jornalistas com carreiras em respeitáveis órgãos de imprensa e que, depois, roídos no seu caráter, emprestam a credibilidade de outrora para divulgar basbaquices a soldo de criminosos institucionais.

O Instituto ETHOS realizou em 2018 a conferência "O papel da mídia no combate à corrupção"[19]. Em sua palestra, Guilherme Alpendre falou sobre a perigosa substituição do profissionalismo pela facilidade das notícias plantadas em redes:

> Há dois anos, a gente desenhou um projeto em parceria com o Google chamada Ctrl X. A ideia é mapear as ações judiciais que pedem remoção de conteúdo da internet. Curiosamente, mais de 70% são pedidos de remoção de conteúdo do Facebook e, se você for olhar, são páginas de jornalistas, de jornais (...).

É a sinalização de que avança um sistema de descrença, muito bem plantado, para por em dúvida a fidelidade dos meios de comunicação profissionais e manter a Internet como uma terra de ninguém, sem filtro. A se trazer ao conhecimento das novas gerações, é de se reportar que ao primeiro abrandamento da censura, que tirou coronéis de dentro das redações, começaram a chegar ao público notícias de torturas e mortes nos porões da ditadura, bem como de emprego de verba pública para deleite de ocupantes de altos escalões do poder, mais a associação do Estado com interesses privados em troca de propina.

A imprensa levantou os esquemas do caçador de marajás Fernando Collor e do seu operador Paulo César Farias, tirando do lodo outros roedores que se infiltraram na falsa onda moralista de então. Os grandes escândalos que abalaram a frágil República nos anos 1990 e nas duas décadas seguintes, a invadir o terceiro milênio, não fossem os apontamentos da mídia profissional, estariam escondidos nas cloacas das ratarias sem a mobilização dos órgãos controladores do Estado.

A liberdade nas redações só não interessa às ratazanas que escondem dinheiro na cueca, que ocultam milhões em malas e caixas de papelão, que usam aviões particulares para transporte de dinheiro escuso, que cometem peculato da forma mais variada, entre as quais a extorsão de parte de salários dos empregados dos respectivos gabinetes. A mais ver, sociopatas que têm convivência com o crime organizado e a venda de favores nos balcões dos ministérios; os que usam de privilégios asquerosos à míngua de uma população desassistida de tudo.

7

GETÚLIO NOVAMENTE E EURICO GASPAR DUTRA

A volta de Getúlio

Getúlio Vargas retorna ao poder eleito com 48,7% dos votos e inicia em 1951 uma experiência nova para si: conviver com a democracia, ainda que corroída como queijo estragado por ratazanas de todos os lados, de dentro e de fora do governo.

A eleição foi possível pela habilidosa costura que o gaúcho fez com políticos de grandes colégios eleitorais, como São Paulo, onde teve o apoio do populista Ademar de Barros; para afirmar-se no Norte e Nordeste, lançou como vice o nome de Café Filho, político do Rio Grande do Norte.

Foi uma fase de grande tensão social, decorrente em parte do forte crescimento urbano. A perturbação política iniciou com aparente cunho ideológico, entre os nacionalistas, que pregavam o desenvolvimento econômico conduzido pelo Estado e por capital de grupos brasileiros, e os que consideravam essencial a influência de corporações estrangeiras. Na boleia vinha o Exército a assombrar com o fantasma do comunismo, que amplificava a repercussão por conta da chamada Guerra Fria, protagonizada pelos Estados Unidos da América e pela então União Soviética. Neste particular, há registros de dinheiro aplicado pela agência de inteligência dos EUA com o fim de difundir as doutrinas americanas nas forças militares brasileiras. Em outras palavras, ratos nacionais estavam a roer os dólares enviados pela CIA em troca da difusão de boatos.

Optando pelo nacionalismo, Vargas deu asas para uma forte oposição. Agora eram os adversários que se valiam da boatice para alardear à sociedade conservadora que o presidente pretendia criar uma "República Sindicalista", aos moldes do que ocorria sob a liderança de Perón, na Argentina.

Tentava-se construir a primeira democracia da história brasileira, marcada, entretanto, como se percebe, por uma trama de interesses, inclusive internacionais, com o instrumental de versões mentirosas ajustadas às questões que nada tinham de valor para a nação brasileira.

Em qualquer ângulo, Getúlio se via cercado de negócios, ambições e pretensões inconfessas de protagonismo político de opositores. Os fuxicos – sempre eles – davam certezas de que o modelo escolhido levaria o Brasil para uma luta de classes. Essa eterna batalha pelo mando, que permeia o jogo político desde sempre, fora exposta logo após a vitória getulista. A UDN, opositora, tentou evitar a posse, ingressando no Supremo Tribunal Federal com o argumento de que o candidato não alcançara a maioria absoluta de votos (mais de 50%). A causa foi perdida, porque a Constituição de 1946 não exigia esse quorum.

Carlos Lacerda, jornalista e político da mesma UDN, principal porta-voz da direita conservadora e mexeriqueiro profissional, bradava:

> O sr. Getúlio Vargas, senador, não deve ser candidato à presidência. Candidato, não deve ser eleito. Eleito, não deve tomar posse. Empossado, devemos recorrer à revolução para impedi-lo de governar.

Fica novamente fácil perceber que a política, que deveria ser o patamar da ética e da sensibilidade pública, sempre se cercou de expedientes nos quais o povo não era sujeito da relação, no máximo um vocábulo com a utilidade de, em seu nome, serem justificados pelos oportunistas quaisquer desatinos.

Getúlio enfrentou dias terríveis, sem ter os instrumentos de força que outrora o seu reinado absolutista concedia. Como o salário mínimo não era reajustado desde 1943 e havia crescente inflação, as famílias perdiam a cada mês a capacidade de compra. Um pequeno aumento concedido em dezembro de 1951 não acalmou as inquietações, o que levou à reorganização de sindicatos (desmontados pela postura autoritária de Gaspar Dutra). Lideranças sindicais viabilizaram em 1953 a Greve dos 300 mil, uma das maiores mobilizações de trabalhadores do país; antes houve uma passeata em São Paulo com 60 mil manifestantes. Era preciso resgatar o apoio do operariado dos centros urbanos. Vargas escolheu Oswaldo Aranha para ministro da Fazenda e João Goulart para o Ministério do Trabalho.

Goulart, de um lado, tinha excelente interlocução com as lideranças sindicais; por outro turno, servia para alimentar as futricas de que a nomeação era mais um passo para a instalação de um sistema sindicalista, no formato argentino. A classe média embarcava na histeria. Não faltava pólvora. O jovem ministro do Trabalho, também conhecido por Jango, aumentava o salário mínimo em 100%, o que abalou até as estruturas do Exército, que alegavam que o novo marco salarial dos operários (tidos por desqualificados) os aproximava do soldo dos militares (agentes com qualificação especial). O presidente tentou abafar a fogueira tirando Jango do governo e, para agradar os direitistas, colocou no Ministério da Guerra um ferrenho anticomunista.

A ideia forjada da "República Sindicalista", no entanto, grudou na testa da elite, dos militares, da classe média e, misturando-se à estrutura cerebral, dali não saiu. Carlos Lacerda, à frente do jornal Tribuna da Imprensa, estampava denúncias falsas e dava aparência oficial à boataria. Mas, no meio dessa lama, apareceram, de fato, situações embaraçosas. A palavra corrupção entrava, pela primeira vez, como ativo político. Primeiro por conta de uma varredura que Vargas mandara fazer nas contas do antecessor. Uma comissão de inquérito denunciava o ex-presidente do Banco do Brasil "por distribuir milhões de cruzeiros para fins particulares e políticos estranhos aos objetivos do principal estabelecimento de crédito", como relata Giuliana Monteiro da Silva no artigo "A corrupção como arma política no segundo governo Vargas 1951-1954.1"[20]. A autora completa: "Também foi apurado que grande parte dos valores custeados pelo Banco do Brasil era para publicidade da fábrica de tecidos do ex-presidente do Banco do Brasil, a fábrica Bangu", diz o texto. Ainda assim, a oposição questionou o desdobramento da investigação. Dizia-se que Getúlio sentara em cima do inquérito.

Na sequência veio o escândalo da Cexim, um órgão criado para "estimular e amparar a exportação de produtos nacionais e assegurar condições favoráveis à importação de produtos estrangeiros", como enunciava o Decreto-Lei nº 3.293/1941. Histórias de subornos e falsificações de documentos estavam frequentemente na mídia, implicando altos funcionários e grandes empresários. Explodia, também, o caso do financiamento do jornal Última Hora, para o qual o polêmico jornalista Samuel Wainer teria recebido apoio ilícito do Banco do Brasil, com a ajuda do deputado Lutero Vargas (filho do presidente). O objetivo era a garantia para o governo de um jornal de sustentação, em contrapeso à imprensa opositora.

Nessa trilha enveredou Gregório Fortunato, chefe da guarda pessoal do presidente. Conhecido como Anjo Negro, se envolveu em falcatruas vendendo facilidades e amealhando fortuna com negociatas às escondidas. Quando tentou matar Carlos Lacerda, no famoso caso conhecido como Atentado da Rua Tonelero, deflagrou uma crise militar, política e institucional sem volta. Getúlio suicidou-se.

Giuliana Monteiro da Silva conclui que a "quantidade de denúncias construía uma imagem do governo inserido em uma lógica de imoralidade"; e, de fato, pela primeira vez um governante teve passados a limpo os atos de gestão, ora com falsidades dos denunciantes, ora com casos reais que estouravam e eram confirmados fora do seu controle. Descobria-se o valor da moralização do país como bandeira eleitoral; pode-se dizer que os políticos, eles próprios rompedores de valores morais, agregaram um elemento de grande apelo retórico: etiquetar o outro como corrupto enfraquecia o adversário e, ao mesmo tempo conferia ao acusador uma áurea de respeitabilidade.

A vez de Eurico

O fantasma do comunismo era usado para assustar as pessoas a partir das mais esquisitas versões e, claro, para justificar medidas por vezes esdrúxulas, geralmente contrárias à pacificação dos espíritos. O autoritarismo seria uma necessidade para se impor contra o inimigo de fora, com exceção os EUA, sempre apresentado como modelo de sociedade e de governos generosos, dispostos a colaborar com o progresso dos povos irmãos. Dutra embarcou na onda da Guerra Fria que levou o mundo a uma bipolarização. Os norte-americanos, por sua vez, tinham no Brasil um território de importância estratégica, fato já demonstrado durante a Segunda Guerra quando Natal (RN) foi entregue como base de aeronaves militares.

Sob o rumor do crescimento do Partido Comunista do Brasil (PCB), que, aliás, alcançara 9% dos votos nas eleições presidenciais com a candidatura de Iedo Fiúza, Eurico Gaspar Dutra alinhou o seu governo aos EUA, sendo o primeiro mandatário brasileiro a visitar aquele país (antes, Júlio Prestes estivera nos EUA na condição de eleito, sem estar no exercício do cargo). Nesse alinhamento, adotou uma política que era vista como contrária aos trabalhadores; estes, de fato, sob a ótica de ratos instigadores palacianos, eram tidos como as bases sobre as quais os comunistas poderiam construir o seu poderio nas Américas.

O governo brasileiro, servil à rataria americana, rompeu relações diplomáticas com a União Soviética, fato que aconteceu após a Conferência para a Manutenção da Paz e da Segurança do Continente que o governo dos EUA patrocinara; e, certamente sob a orientação dos arautos da democracia mundial, proibiu as atividades do PCB. A candidatura dos políticos eleitos pelo partido foi cassada em janeiro de 1947, com a confirmação pelo Supremo Tribunal Federal. Nessa esteira, Dutra logo investiu na intervenção em 143 sindicatos de trabalhadores e prejudicou o exercício das greves impondo condições que as tornavam inviáveis; também proibiu a existência do Movimento Unificador dos Trabalhadores (MUT). No final do seu governo, cerca de 200 sindicatos estavam sob o controle estatal. Ainda assim, historiadores e cientistas sociais consideram com Dutra o ensaio da primeira experiência democrática no Brasil, uma vez que a República Velha era um balaio de vícios políticos e o Estado Novo foi um roteiro que misturava autoritarismo com populismo personalista.

Atuação do governo

Seguindo a cartilha de submissão aos interesses americanos, foi estabelecida uma política de incentivo à importação, não compensada com investimentos na industrialização do país. Por outro lado, no mundo das intenções, o presidente imaginou alavancar quatro áreas: saúde, alimentação, transporte e energia e, como simbolismo, criou o Plano SALTE, sigla formada pelas quatro direções de um suposto desenvolvimentismo. Contava com a arrecadação e com empréstimos exteriores. A Receita não ajudou e o auxílio externo era utopia. Ainda assim, Dutra abriu a rodovia Rio de Janeiro – Bahia e instalou a Companhia Hidrelétrica do São Francisco. Questões diretamente relacionadas às urgências das pessoas (saúde e alimentação) foram boicotadas por ratos conservadores.

O presidente acabou com os cassinos no Brasil, ao pretexto de que eles eram nocivos à moral e aos bons costumes, além de afrontarem a tradição religiosa dos brasileiros. Sustentou que as casas de jogos eram reprimidas pelos "povos cultos" e que acabar com a jogatina era um "imperativo da consciência universal". A imprensa saudou a iniciativa. O Correio da Manhã foi lisonjeiro: "Não regatearemos ao general Dutra os nossos aplausos pelo corajoso, forte e benemérito decreto extinguindo a lepra do jogo". Parlamentares usavam a tribuna para elogiar, como fez o deputado Soares Filho (UDN-RJ): "Do jogo surge o desapego aos hábitos de trabalho continuado, único criador do progresso das sociedades"[21].

Sem invadir o mérito da moralidade e da conveniência, registre-se o elementar: os cassinos representavam um fervilhante negócio, gerando empregos e tributos. Entre os anos 1930 e 1940 havia mais de 70 casas de apostas, que eram também centros de grandes espetáculos. Mulheres e homens tanto entravam na jogatina quanto consumiam em magníficos restaurantes e nos shows de padrão internacional. Esse mundo desabou no dia 30 de abril de 1946, por decreto-lei de Dutra, três meses depois de assumir a Presidência da

República. Todas as tentativas de reativar as atividades foram até o momento frustradas; e não se confirmou a perspectiva de então de que essa atividade teria a repulsa dos "povos cultos" e de que a tendência seria a do extermínio do jogo em escala universal.

O governo não escapou, também, de notícias da movimentação de ratos no seu meio. Em 1959 a Petrobrás se viu envolvida em escândalo com suposto favorecimento da internacional ESSO; era algo como exportar óleo bruto e depois importar os derivados do mesmo óleo, uma manobra que foi à altura considerada como desprovida de lógica[22].

O resultado que interessa nesse projeto de reflexão é o fato que Eurico Gaspar Dutra não esteve imune à ruptura da verdade. Mentiras, boatos, exageros e moralismos exacerbados deram continuidade às vocações autoritárias, predominância de pensamento único, imposição de crenças pessoais e pouca conexão com as necessidades de um país com uma população de 40 milhões de habitantes, miserável e analfabeta na absoluta maioria. A Constituição de 1946 não foi suficiente para fixar uma verdadeira democracia, em termos de liberdades e naquilo que diz respeito à prioridade social. Sequer evoluiu para o fim das oligarquias. Militares ganharam protagonismo político, como uma elite de poder e não como uma categoria especial de serviço de Estado – já como preparativo para o que viria a ser a longa noite da ditadura que começou em 1964; e nos parlamentos, prefeituras e governos estaduais continuava a prática da herança política, de pai para filho. A dinastia dos ratos merece estudo em separado.

Ademar de Barros

Coincidindo com o período do presidente Eurico Gaspar Dutra figurou no cenário paulista, com olhos no horizonte nacional, a figura de Ademar de Barros. Ele transitou com desenvoltura na política brasileira entre os anos 1930 e 1960. Seguindo a praxe, vinha de família rica de produtores de café. Cedo deixou a medicina para participar da Revolução Constitucionalista de 1932 e dali foi conduzido por um tio, prócer da República Velha, chefe político do Partido Republicano Paulista na região de Botucatu. Em 1938 já era interventor federal em São Paulo, nomeado por Getúlio Vargas. Ganhou popularidade com o método de realizar visitas às pequenas cidades do interior, antes ignoradas pelos governantes. O Estado tem várias marcas de realizações, mas dois fatos impactaram negativamente a imagem: com poderes de interventor (um ditador regional) confiscou em 1940 o jornal O Estado de S. Paulo, que pertencia a seus desafetos (o jornal somente voltaria aos proprietários cinco anos depois);

e em 1941 foi acusado de corrupção, sendo exonerado do cargo pelo presidente da República e absolvido pelo Tribunal de Contas em 1946.

Como a volta das eleições em 1945, tornou-se governador com o lema "São Paulo não pode parar". Nessa época foi associada à sua imagem a legenda "Rouba, mas faz", um bordão atribuído por seu adversário político Paulo Junqueira Duarte. O rótulo teve efeito contrário à pretensão dos seus opositores: os cabos eleitorais e os admiradores de Ademar usavam o refrão como um predicado; era um gesto de tolerância com a ratoagem em troca da proeza de trabalhar "pelo povo". Quem ainda hoje não ouve essa justificativa para eleger doentes morais e parasitas do erário? Os eleitores, em regra massas de manobra, não perceberam que é possível fazer sem roubar.

Em 1957 elegeu-se prefeito da capital. Por duas vezes foi candidato à Presidência da República (1955 e 1960).

O colunista Luiz Carlos Azedo escreveu sobre Ademar para o Correio Braziliense[23]:

> Em 1949, teria comprado em benefício próprio, com dinheiro público, 11 automóveis e 20 caminhões da General Motors. O Ministério Público abriu um processo e pediu sua prisão preventiva. Em março de 1956,

> Ademar foi condenado pelo Tribunal de
> Justiça de São Paulo a dois anos de reclu-
> são e perdeu os direitos políticos por cin-
> co anos. Mas, em maio do mesmo ano, foi
> absolvido por unanimidade pelo Supremo
> Tribunal Federal.

A rapidez com que os tribunais superiores agem em relação aos réus de alto coturno é algo que sempre impressiona. Em plena década de 1950, a mais alta Corte prestou jurisdição em menos de dois meses, condição que sequer hoje acontece com os mortais do povo, em que pesem os recursos de informática e os altos níveis de assessoramento. Pode-se, portanto, incluir nesse ambiente de ruptura com obrigações institucionais e princípios éticos, a forma com que o Judiciário trata os cidadãos, distribuindo-os entre os de primeira e os de segunda categoria.

Quando o ofício é despachar a favor, a celeridade é a regra; nas ocasiões em que a condenação é inevitá-vel, estende-se ao extremo. O julgamento em desfavor do político Paulo Maluf, fiel discípulo de Ademar de Barros, arrastou-se por um quarto de século até a causa ser arquivada no STF. Dizia respeito à doação de fuscas aos jogadores da seleção brasileira de futebol no campeonato mundial de 1970; já pelo crime de lavagem de dinheiro, que teria sido cometido entre 1993 e

1996, o veredito foi proferido mais de duas décadas depois, transformando-se logo em prisão domiciliar em razão da idade. Vem daí, por certo, a infeliz expressão "cidadão comum", atribuída àqueles que não têm nem prestígio político, nem poder econômico, nem influência social.

Enfim, há ratos especialmente espertos (ratazanas) que passam longe de armadilhas. Ao contrário do que se pensa, esses mamíferos não gostam de alimentos ruins e estragados; eles têm olfato apurado para detectar comida de qualidade para seu paladar, explica em sua página digital a empresa Uniprag, especializada no controle de pragas[24]. Talvez por isso os roedores do direito sejam por vezes seletivos na escolha das pautas e astutos para escapar ilesos com as suas togas, triunfantes sobre o telhado frágil de uma nação miserável.

8

JUSCELINO E A RATARIA
DOS QUARTÉIS

O próximo presidente eleito foi Juscelino Kubitschek de Oliveira, com 36% dos votos válidos, seguido de perto por Juarez Távora, do antigo Movimento Tenentista, com 30% dos sufrágios. A eleição para a Vice-Presidência era em separado e o escolhido foi João Goulart, com 44% da votação, mais do que a oferecida para o cargo de presidente.

Juscelino teve uma postura diferenciada. Simpático, traduzia a aparência respeitosa de um Chefe de Estado, combinando-a com a liturgia do cargo. Não veio da aristocracia / oligarquia, mas se associou à elite política de Minas Gerais, o que lhe deu impulso para a vida pública. Deixou a medicina, na qual se formara em 1930 com penúria financeira, e já em 1933 foi nomeado chefe de gabinete do interventor federal

Benedito Valadares, de grande prestígio na ocasião. Em 1934 foi eleito deputado federal, mas o golpe do Estado Novo logo cassou o mandato. Breve retorno à medicina e, em 1940, foi nomeado prefeito da capital mineira. Avançou como deputado constituinte (Constituição de 1946) e em 1950 se elegeu governador.

O passo mais audaz não foi fácil. Havia a percepção de que os militares vetariam a sua candidatura. O pretexto era antigo: suposta simpatia pelos comunistas. A fórmula de sempre, que consiste em plantar o medo para colher os frutos que provêm da ignorância alheia. Não há rato na política que não use esse expediente, que não se sabe se é eficaz porque é antigo, ou se é antigo porque é eficaz.

Enfim eleito, os mamíferos tentaram roer o diploma de posse. A corrupção política, como ruptura do valor democrático, veio novamente da UDN que, aliada a setores das Forças Armadas insistiram na tese, já usada em relação a Getúlio, de que o candidato não obteve a maioria absoluta. Nesse entrevero, aparecia uma sugestiva Cruzada Brasileira Anticomunista, trazendo para o seio popular o amedrontamento aos incautos. Tem-se que admitir que a população média possui pendor para acreditar na mentira e nenhum ânimo para auscultar a verdade; entrega-se às facilidades da boataria e se mostra preguiçosa para verificar a inconsistência dos maiores absurdos.

Aqui se nota, também, outro ardil que os ratos usam para enfeitar os caminhos do poder: empregam nomes complexos para confundir coisas simples. Cruzada Brasileira Anticomunista soava como algo profético, no mínimo cívico, patriótico. Ninguém entendia exatamente o que era, mas todos tinham a impressão que se tratava de algo necessário para o enfrentamento de um pavoroso inimigo.

Com essa toada, os roedores da democracia queriam evitar a posse de Juscelino, ainda que por meio de um golpe militar. A solução veio por um contragolpe liderado pelo marechal Henrique Teixeira Lott; em novembro de 1955 ele destituiu o presidente em exercício (Carlos Luz) e colocou Nereu Ramos para, na Presidência, garantir a transição.

Mais uma vez se percebe que o povo é alijado das decisões reais; usado como voto de conveniência, é desprezado como destinatário das ações públicas; utilizado como ferramenta de manobra, em seu nome qualquer coisa parece ser legitimo. O falatório enganador de uma cruzada anticomunista pode até soar como caminho de segurança para ignorantes amedrontados; o grande problema é o fato de as Forças Armadas, que são serviço permanente de Estado, colocarem-se de um lado, tomando partido na relação política. Uma completa distorção de valores e de compromissos.

Com o mandato garantido à marra, Juscelino investiu no seu Plano de Metas, que incluía o desenvolvimento nacional a partir da infraestrutura de portos e aeroportos do Brasil. Construiu rodovias, pecando por marcar, nesse momento, o início do desmonte da malha ferroviária do país. Deu ênfase para as usinas hidrelétricas para garantir suporte ao aumento do consumo de energia que aconteceria com o crescimento da indústria; levantou Brasília, a nova e moderna capital, para puxar o progresso para o centro-oeste.

É evidente que em um mandato não poderia atacar todas as frentes; assim é natural que ficassem sem solução, e por vezes agravassem, questões educacionais relevantes, além dos baixos investimentos na produção de alimentos. Esses problemas estouraram com grande impacto na década de 1960, especialmente no governo do presidente João Goulart.

Quando deixou o poder, e havia a possibilidade de retorno em eleições em 1965, começou o batuque de boataria. As versões eram as mais intrigantes: ora, ganhara de uma empreiteira um apartamento de 1.400m2 na Avenida Vieira Souto, no Rio de Janeiro, ora era a sétima maior fortuna do planeta. A riqueza de detalhes nas mentiras sustentou a credibilidade de ratos engravatados ou com farda militar. No entanto, é certo que muitos espertalhões fizeram fortuna com a construção de Brasília e com obras tocadas em ritmo acelerado. Seriam necessários vários volumes para colacionar as histórias de ratos empresariais e roedores políticos que se serviram desse período, mas tantos outros capítulos deveriam ser dedicados para desmontar as mentiras dirigidas ao homem que melhor representou a figura de estadista até os dias atuais. O que fica de lição, para efeitos dos propósitos deste livro, é o acento no jogo de interesses de setores inconformados, incluindo militares da ativa, que não eram motivados pela prosperidade nacional; o olhar estava dirigido para o próprio umbigo, semeando terror para frustrarem a democracia e fingirem serem os salvadores da nacionalidade.

9

O HOMEM DA VASSOURA

Jânio da Silva Quadros, morto em 1992, surgiu na política como um camundongo, que é um tipo de rato que se pode apresentar como menos asqueroso, diferentemente da espécie assustadora dos roedores do gênero Rattus. Teve uma ascensão meteórica. Em 1947, suplente de vereador, assumiu uma cadeira na Câmara Municipal graças à cassação de mandatos de membros do Partido Comunista Brasileiro. Passou a fazer fervorosos discursos a favor da classe trabalhadora; bem falante, carismático, habilidoso, elegeu-se logo deputado estadual mais votado do Estado de São Paulo para a legislatura de 1951-1953, saindo para ser prefeito da capital. Nos cinco anos seguintes cumpriu a proeza de ser, ainda, governador e presidente da República. Desde que a República fora instalada, pela primeira vez se elegia um candidato da oposição.

Era cheio de manias, o que despertava curiosidade e, de forma calculada, o aproximava do povo. Por exemplo, costumava chamar todos os seus cachorros de Totó, o nome mais popular atribuído aos cães. Quando era governador, a polícia prendeu o "rei dos bicheiros", que tinha exatamente o apelido de Totó. Jânio cumprimentou o secretário de Segurança Pública e o delegado, mas quis saber: "Quem é esse Totó que envergonha o meu cachorro?"

Sua vocação populista fazia com que se envolvesse em todos os assuntos: do uso de biquíni nas praias à venda de jogadores de futebol para o exterior. Os seus bilhetes, usados como meio de comunicação com assessores, secretários e, depois, ministros, foram recuperados em grande quantidade e se encontram guardados em 30 caixas no Arquivo Público Mineiro. Os papéis estavam sob a guarda do amigo e ex-secretário particular José Aparecido de Oliveira, uma legenda da política de Minas Gerais. Com a sua morte, os filhos de Aparecido doaram ao arquivo local.

O grande lance de *marketing* na campanha presidencial foi agregar a figura do ardoroso combatente da corrupção (vinda de Carlos Lacerda) com dois poderosos recursos de grande apelo: a vassoura, que simbolizava a limpeza na política; e o jingle, "Varre, varre vassourinha, varre a corrupção", composto pelos amigos Maugeri Neto e Fernando Azevedo de Almeida. Era apenas uma estrofe, mas trazia gatilhos que acionavam o inconsciente popular (grifados abaixo):

> Varre, varre, varre vassourinha!
> Varre, varre a **bandalheira**!
> Que o **povo** já 'tá cansado
> De <u>sofrer</u> dessa maneira
> Jânio Quadros é a <u>**esperança**</u> desse povo abandonado!
> Jânio Quadros é a certeza de um <u>**Brasil, moralizado**</u>!
> Alerta, **meu irmão**!
> <u>Vassoura</u>, conterrâneo!
> Vamos **vencer** com <u>Jânio</u>!

Evidentemente a corrupção, a bandalheira e o sofrimento do povo não foram nem resolvidos por Jânio, nem por tantos outros que depois passaram a usar de motes similares. Mas a força das palavras e a simbologia da proposta, desde então, passou a ser mais importante que o próprio candidato em si. Os eleitores viajam no imaginário. Veja-se:

- Varre, varre a bandalheira!

  Quem é contra isso? Quem não imagina um Brasil limpo?

- Que o povo já 'tá cansado

  É o complemento da apresentação do problema: um povo cansado da bandalheira.

- De sofrer dessa maneira

  Aqui ele traz a identificação com o sofrimento das pessoas. E quem não tem uma desventura particular?

- Jânio Quadros é a esperança desse povo abandonado!

  Continua a técnica: depois de mostrar o problema, o candidato é apresentado como a única solução para o sofrimento dos abandonados.

- Jânio Quadros é a certeza de um Brasil, moralizado!

  A palavra "certeza" injeta confiança para aquilo em relação ao qual ninguém é contra: um Brasil moralizado. Até os imorais desejam, desde que seja combatida a imoralidade dos outros.

- Alerta, meu irmão!

  É um chamamento com força militar. Uma convocação aguerrida de unidade.

- Vassoura, conterrâneo!

  Milhões de pessoas país afora passaram a usar um broche com a vassoura no peito. Sentiam-se engajadas nesse processo de varredura da bandalheira.

- Vamos vencer com Jânio!

  Por fim, os versos traziam o verbo "vencer", que reforçava a segurança na causa e, ao mesmo tempo, aumentava a estima daquele eleitor que rejeita votar em candidatos sem chance.

A prática eleitoral brasileira, de tantos vícios, passou a ser gerida por esse formato de propaganda. Candidatos se equipararam a sabonetes, que eram embalados e apresentados em imagens como cheirosos; a letra que vendia o produto destacava ser a única marca capaz de produzir aquele resultado. Com a volta das eleições diretas para a Presidência da República em 1989, o estilo Jânio seguiu explorado ao extremo, com pequenas variantes de criatividade, mas sem alterar o núcleo: combater hipoteticamente a corrupção, limpar as sujeiras do país, aliviar o sofrimento do povo (dos descamisados) e conclamar pela unidade em torno de um Brasil decente. Os maiores vigaristas da política nacional usaram esses artifícios nas campanhas para governador e presidente da República; até postulantes às Prefeituras e Câmaras Municipais ainda se utilizam desse cambalacho, prometendo uma varredura na sua cidade.

Jânio reforçou o modelo do populismo rasteiro, do enganador de plateias, valendo-se da excentricidade. Carregava sanduíches nos bolsos e os mastigava gulosamente, por coincidência sempre quando havia público ao redor; diante de um ajuntamento de pessoas, passava o pente nos cabelos revoltos de onde, alguns juram, caia pó branco, talvez farinha de trigo, como se fosse caspa, polvilhando o paletó preto. Era um homem comum, alguém que não se misturava aos costumes da elite, não tinha vaidade, uma pessoa "igual às outras". A partir de então, sempre que inicia o processo eleitoral, candidatos que se vendem como pessoas iguais às outras vão para as feiras comer pastéis, tomar caldo de cana, abraçar comerciantes e posar para fotografias com a boca lambuzada de alguma coisa. Usam transporte público, enquanto um veículo de luxo, com assessores, segue atrás gravando tudo; beijam crianças, desejam felicidades às grávidas, acenam calorosamente para quem nunca antes viram, cruzam praças com passeios quebrados, olham estarrecidos monumentos depredados e prometem reerguer cidades, limpar a podridão, dar dignidade ao povo – sempre ao povo – e, claro, combater a corrupção. São ratos do mesmo esgoto! Enchem a barriga de votos e só voltam àquele lugar quando novamente necessitam pilhar.

Governo e renúncia

Jânio foi o primeiro presidente a tomar posse na nova capital e logo mostrou que era eficiente como político demagogo, populista, e alguém incapaz de tomar conta dos rumos do país, sobretudo pela personalidade incompatível com a serenidade que se espera de um Chefe de Estado. Passou a se ocupar de assuntos mundanos, questões pequenas, desproporcionais à relevância do cargo de primeiro mandatário. Tomou para si uma pauta de "proteção da família e dos bons costumes", como se continuasse no palanque da politicagem rasteira. Passaram a ser temas do gabinete presidencial a proibição do lança-perfume, o comedimento dos trajes femininos nas praias e as intervenções em brigas de galo. Assuntos de delegacias de polícia tomaram formato de ações públicas.

Nas esferas da economia e das relações exteriores, desagradou a esquerda e a direita. Deu início ao enfrentamento da inflação com uma austera política alinhada ao Fundo Monetário Internacional, o que não se harmonizava com os progressistas; e com o chanceler Afonso Arinos arriscou uma fase de política externa independente, deixando de lado o alinhamento automático com os EUA, aproximando-se de países do leste europeu e se distanciando do antigo aliado Portugal na medida em que apoiava as independências de Moçambique e Angola. Era crítico do regime de *apartheid* que subjugava a África do Sul. Com isso abriu um abismo com os conservadores, velhos ratos da política brasileira. Quando condecorou Ernesto Che Guevara, um dos líderes da revolução cubana, Carlos Lacerda, que fora aliado na campanha, considerou ser o limite, passando a atacar o presidente em suas fulminantes intervenções no rádio e televisão. Acusava furiosamente o governo de estar na estruturação de um golpe.

Em 25 de agosto de 1961 Jânio avisou aos ministros militares que deixaria a Presidência. As versões são desencontradas; a mais provável é a de que, sem apoio da esquerda e da direita, esperasse o estouro da comoção popular. O povo nas ruas faria com que o Congresso não aceitasse a renúncia. Se assim foi, o presidente errou duas vezes: a renúncia gera efeito por si, não dependendo de ser aceita e não permitindo que fosse negada; e a multidão que imaginava a bradar o seu nome ficou no ilusório. "Cadê o povo, Eloá?", teria perguntado à mulher quando deixou Brasília.

Tem-se nesse caderno a leitura de que há ratos habilidosos no processo de romper com a verdade, desde que a mentira pavimente o caminho para o poder; espalham a mascarra da demagogia que leva ao delírio do povaréu à soçaite. Uma vez nos cargos, tentam disfarçar a incompetência com o plantio de teorias conspiratórias: "Eles" não deixam governar; há uma campanha de "perseguição"; a "imprensa" mente; enfim, a incapacidade para o comando é atribuída aos "inimigos do povo". Esse modelo é repetido até os presentes dias, apenas substituindo as bocas de onde saem. Jânio trouxe uma nova figura: "as forças ocultas" que, claro, sendo ocultas, lhe livrava de explicar quais eram.

10

JOÃO GOULART E OS ROEDORES DO NACIONALISMO

Conhecido popularmente como Jango, João Belchior Marques Goulart sucedeu Jânio Quadros, na condição de vice-presidente, com a exótica renúncia após sete meses de mandato com a vassoura atrás da porta. Oriundo da elite rural do Rio Grande do Sul, assumiu desde cedo uma postura alinhada à classe trabalhadora. A convite do seu conterrâneo, o são-borjense Getúlio Vargas, ingressou ainda moço no Partido Trabalhista Brasileiro, vindo, depois, a ser o seu presidente estadual e nacional. Foi deputado estadual e deputado federal. Na Câmara dos Deputados permaneceu pouco tempo, sendo nomeado titular da Secretaria de Estado do Interior e Justiça no governo de Ernesto Dorneles, que era primo de Getúlio. Nessa gestão, operou pela reestruturação do sistema carcerário.

Sempre guiado pelo seu mentor – e de quem se tornou confidente –, Jango foi acionado pelo presidente da República para resolver impasse político no Ministério do Trabalho valendo-se da proximidade que mantinha com movimentos sindicais. Esse prestígio lhe custou caro: já começava nos EUA, pelo *The New York Times*, uma campanha que manipulava o pensamento conservador vinculando Jango a uma associação com o peronismo. Vendia-se a ideia que Getúlio, por intermédio do seu ministro, estava a implantar a já referida "República Sindical" e, dali, para se evoluir ao apreço ao comunismo era só um exercício de continuidade. Como se vê, o comunismo (sem entrar no mérito do sistema) foi uma arma para amedrontar as pessoas, despertando nelas as piores imaginações. O adjetivo era ofensivo às pessoas sem instrução; pode-se dizer que o sujeito tolerava ser chamado de corno, mas de comunista jamais. Assim, atribuir-se a um político qualquer vínculo ao comunismo era uma maneira simples de destruir reputações.

Um dos principais auxiliares de João Goulart na época do Ministério do Trabalho, Hugo de Farias, disse que Goulart era capaz de tirar dinheiro do próprio bolso para ajudar a quem pedisse auxilio, mas era "pão-duro" com o dinheiro público. Também declarou que o considerava um dos homens de "mais paciência do mundo" no seu trato com o público. O historiador Jorge Ferreira, por sua vez, registrou: "O ministro logo tornou-se conhecido pela maneira sincera de não discriminar pessoas". Repudiava os métodos repressivos e preferia intermediar as negociações entre empregadores e operários. Aos que diziam que o ministro odiava o capitalismo, ele respondia que estava disposto a aplaudir os capitalistas que investiam nos meios de produção e os que legalmente, "criavam riquezas num sentido social, humano e patriótico", mas que era contra o "capitalismo parasitário, especulativo, exorbitante e imediatista no lucro".

O aumento em 100% do salário mínimo foi um gravame para os empresários. A suposta sujeição a ideário comunista, pelo apreço à justiça social, criava um ambiente de rejeição; Jango pediu exoneração do cargo de ministro. Após o desconforto com a suicídio de Vargas, e ter pensado em abandonar a política, Goulart retoma à cena nacional para assumir a presidência do PTB e ser o seu maior protagonista. Prepara o caminho para a candidatura à Vice-Presidência da República, quando inicia a torpedaria de Carlos Lacerda. O sempre entusiasta pregador do caos disse no Congresso Nacional que João Goulart estava a estocar armas para uma possível revolução. Concluídas as investigações, descobriu-se que as armas foram roubadas por um oficial do Exército e entregues ao próprio Lacerda.

Até aqui o leitor tem elementos para concluir a complexidade desse jogo sem regras; ora o vilão está no palco, ora na coxia. Em vez de os protagonistas da política alimentar o povo com pão e esperança, distribuem-lhe mentiras e encenações. Ora para chegar ou se manter no mando, ora para sabotar a ascensão daqueles que podem levar a cabo a justiça social e promover o desenvolvimento do país.

Vice-presidente de JK

Nos anos 1950 as eleições para presidente e vice-presidente não eram vinculadas. Cada qual concorria de forma independente. Jango foi eleito vice-presidente da República com mais votos do que Juscelino; talvez por isso, experimentou de início certo ciúme do presidente, mas sempre foi tratado respeitosamente. Como principal líder do trabalhismo no Brasil, e com a experiência de ministro do Trabalho no governo Vargas, João Goulart foi de grande utilidade para JK. Era a ponte com a área sindical, um setor sempre sensível aos humores da política e aos rumores da economia. Esse mérito era apresentado como perigo pelas ratazanas conservadoras. Carlos Lacerda insistia nas denúncias de um crescente "perigo sindical-comunista" que estaria a rondar o país. Jango, intermediando conflitos, absorveu todo o desgaste advindo dessa missão e permitiu que Juscelino cumprisse o seu ideário com grande popularidade.

Jango e Jânio

Goulart foi novamente eleito vice-presidente da República, com posse em 31 de janeiro de 1961 ao lado de Jânio Quadros. Era uma situação curiosa: Jânio Quadros era apoiado pela União Democrática Nacional (UDN), que sempre assumira posição contrária ao getulismo; já João Goulart era herdeiro político de Vargas. A relação durou pouco, pois a renúncia surpreendente do presidente populista, com sete meses de governo, deu a Jango a legitimidade para ocupar o Palácio do Planalto. O que seria uma sucessão normal em uma democracia se transformou em uma grande movimentação da rataria.

Ratos brigam? Um rato não machuca o outro, eis a regra que, a propósito, também caracteriza a relação humana que, no geral, é solidária. Mas os estudos comportamentais sobre esses roedores mostram um percentual de egoísmo, o que permite aos cientistas investigarem a relação com as causas da psicopatia.

Jonathan Amos, da *BBC News*, publicou em fevereiro de 2020 o texto "Imagem impressionante de camundongos 'brigando'", no qual revela que o fotógrafo Sam Rowley passou cinco noites na estação de metrô de Londres para fazer registro dos animais que se movimentavam nos subterrâneos, até fazer a fotografia que ganhou o prêmio *Wildlife Photographer of the Year*. Rowley capturou a imagem de dois camundongos que literalmente brigavam por um resto de comida deixado para trás por algum passageiro[25].

Neurocientistas dizem que o córtex motor dos ratos compartilha muitas semelhanças com o dos humanos. Em esperteza, em alguns casos os ratos ganham, porque enquanto o cérebro humano se baseia em informações visuais, os ratos operam com indicadores somatossensoriais, incluindo os seus bigodes. Com esses recursos extras, os roedores identificam com mais facilidade os seus objetivos. Essa comparação é apropriada ao período que sucedeu a renúncia de Jânio, com permissão para ser uma referência aplicada à generalidade da apodrecida prática política brasileira. E foi assim que oportunistas de então, com capacidade sensorial acima dos demais humanos, entraram em briga farejando oportunidades. Goulart estava em viagem à China, o que levou o presidente da Câmara dos Deputados Ranieri Mazzilli a assumir o governo. Aquilo que nos termos da Constituição seria uma transferência pacífica, meramente formal, foi transformado em um enorme impasse, quase gerador de um guerra civil. Mazzili era vinculado aos grupos civis e militares conservadores que já colocavam em ação os bigodes sensoriais; e assim, como redor da democracia, o presidente em exercício comunicou ao Congresso Nacional que os três ministros militares lhe expressaram a "inconveniência" da volta de João Goulart ao Brasil, pois haveria um terrível risco (??) de o país ser governado pela esquerda. Sob a influência dos padrinhos norte-americanos, cogitava-se a até derrubar o avião que traria o vice-presidente de volta ao Brasil.

Nessa barafunda se eleva a voz do governador do Rio Grande do Sul, Leonel Brizola, que iniciou um movimento pela legalidade. Que se cumprisse a Constituição, simples assim! Os militares se dividiram. No alto escalão de generais da ativa, o apelo de Brizola não teve ouvidos; no Rio de Janeiro o reformado marechal Henrique Teixeira Lott, de grande prestígio, convocou o povo a garantir a posse legal de Jango. Resultado: foi preso por ordem do então ministro da Guerra, Odílio Denys.

Coronéis e generais que ocupavam postos chaves no Estado gaúcho somaram com a legalidade; o governador movia uma campanha radiofônica conclamando o apoio popular; enquanto isso era composta uma Junta Militar em regime de Estado de Sítio. O mês de agosto de 1961 findava com ameaça de bombardeio com aviões ao Palácio Piratini, o que não aconteceu pela intervenção do III Exército, que invadiu a Base Aérea de Canoas (RS) e destituiu o brigadeiro Aureliano Passos, a quem, em tese, caberia comandar o ataque. No exemplo do Rio Grande do Sul, o governador de Goiás Mauro Borges começava a armar a população. No meio militar, os destaques ficaram com o general Peri Bevilaqua, primeiro oficial desse nível a se opor ao golpe, e ao tenente-coronel Joaquim Ignacio Baptista Cardoso, que movimentou tropas do sul chegando até o Paraná, com decisivo apoio do general Oromar Osório. As classes trabalhadoras tiveram, também, um importante papel. Formaram-se verdadeiros batalhões de operários da construção civil, metalúrgicos, ferroviários, marítimos, bancários, enfermeiros e civis de diversos ofícios e classes. Eram fileiras pela posse do sucessor legítimo, sem quebrar aos pedaços o pouco que se tinha de democracia. A intolerância com o que seria de esquerda, ou seja, de prioridade social, era uma conta alta para as ratazanas acostumadas com despensas abundantes para o seu deleite.

A solução intermediária veio com votação pelo

Congresso da Emenda Constitucional nº 4, que transformava o Brasil em uma república parlamentarista, sujeita a posterior confirmação por plebiscito popular. Jango assume como Chefe de Estado e Tancredo Neves como primeiro-ministro.

> É perceptível o dano que os ratos interesseiros são capazes de fazer para alcançar os queijos do poder. Não se limitam a roer a Constituição; tal qual uma praga, eles infestam todas as despensas do país com ações que podem levar a uma guerra entre brasileiros.

Foram três primeiros-ministros durante o parlamentarismo implantado às pressas: Tancredo Neves, Brochado da Rocha e Hermes Lima. Como era produto do improviso, o regime não tinha pureza. Tanto Jango fazia ingerências nos gabinetes ministeriais como o Congresso Nacional adotava decisões em desacordo com o primeiro-ministro. Não havia o voto de censura. Era uma miscelânea de atribuições, um completo rebuliço administrativo. Enfim, um ambiente difícil para dar objetividade a medidas de enfrentamento dos principais problemas na ocasião: alta dívida externa, educação deficitária, conflitos agrários e a inflação que era um desafio crescente desde os anos 1940. Estudantes e camponeses faziam mobilizações inflamadas.

Com a confiança de setores das Forças Armadas e, naturalmente, da classe trabalhadora, João Goulart conseguiu que fosse antecipada a data do plebiscito e, dessa forma, no início de 1963, o presidencialismo foi restabelecido com 80% dos votos favoráveis.

Enfim, presidente

Enfim tomando as rédeas também do governo, Jango tentou implantar as chamadas Reformas de Base, medidas estruturais com o objetivo de debelar os males que entravavam o desenvolvimento social e econômico do Brasil. As propostas atacavam seis frentes: agrária, tributária, bancária, urbana, educacional e eleitoral.

Certamente o projeto que mais causou alvoroço foi o relacionado às medidas do campo. Reforma agrária nunca foi tema digerido pelas oligarquias. Na Assembleia Nacional Constituinte (1987-1988) um parlamentar nordestino, durante debate sobre a matéria, declarou: "Em virgindade de moça e propriedade de terra ninguém mexe". Imagine-se, então, defender no meio conservador, na década de 1960, a desapropriação de até 500 hectares de propriedades rurais que não tinham utilidade!

O apoio das Ligas Camponesas, que se formavam país afora, ao invés de contribuir para a viabilidade da justiça social no campo, fomentou o acirramento político e alimentou a neurose do comunismo. Os EUA passaram a financiar grupos reacionários; sabe-se que candidaturas conservadoras foram patrocinadas pelos norte-americanos nas eleições de 1962 e que setores da imprensa igualmente tiveram favorecimentos para disseminar uma campanha anti-Goulart. Outra vez a boataria ganhou escala geométrica.

Carlos Lacerda, governador do então Estado da Guanabara, colocava ao extremo a habilidade de agitador político e surgiu o IPES (Instituto de Pesquisas e Estudos Sociais), com rótulo acadêmico, que, na verdade, era uma forma de dar credibilidade à ideia da ameaça comunista, sob o amparo do dinheiro de empresários interessados na queda de Jango.

A imprensa ecoa a pregação contra o presidente. Ajuda na formação de um ambiente propício para a "resistência" das supostas forças democráticas. No dia 9 de março de 1964 o Jornal do Brasil diz que as medidas reformistas não passam de mistificação e que o presidente se vale delas para obter resultados políticos personalistas. O jornal conclama inclusive o PTB para se unir contra o "caudilhismo"[26]. O Globo reclama da presença de Jango em comícios com trabalhadores, declarando que os palanques populares não seriam os locais próprios para o presidente falar ao país[27]. O Diário de Notícias formava fileira afirmando que a radicalização política era resultado dos propósitos escusos, e essa radicalização era um risco à democracia brasileira[28].

Publicação da PUC-Rio intitulada "A queda de Jango e o fim da democracia"[29] conclui que a imprensa posicionava João Goulart como alguém que apenas queria se valer dos desvalidos, que os jornais consideravam vítimas da frágil democracia dos políticos corruptos. Os inimigos declarados e ocultos defendiam que a justiça social chegaria pelo caminho do desenvolvimento econômico, "de forma gradual e pacífica". Nesse raciocínio apregoado, a educação, a saúde, a moradia e o trabalho não viriam pela negociação política.

Os biógrafos e historiadores narram peripécias do presidente na vida privada, mas não há registro idôneo de que se tenha associado a qualquer forma de corrupção. Poderia, sob a ótica de alguns, não ser o presidente com o método político ideal, mas procurou exercer o cargo com postura altiva, respeitosa, com objetivos voltados a atender a maioria da população que vivia na miséria, ao jugo da exploração das oligarquias daninhas – aquelas que sempre formaram a rataria da política brasileira, desde o Império. Deus não fez os homens perfeitos; se assim os fizesse, teria criado outros deuses e nós, então, não existiríamos. Logo, sem ser perfeito, João Goulart pode ser posicionado na história como referência política, diferentemente de tantos que, ao crivo dos fatos, não passaram de camundongos de esgoto. Jango e Juscelino, cada qual com o seu perfil ideológico, foram homens que se pode chamar de Chefes de Estado, com lustre para percorrerem de cabeça erguida os tapetes de quaisquer palácios do mundo e bem figurarem nos livros de história.

11

MILITARES E PODER CIVIL

Os militares gostaram da política desde o golpe que derrubou a monarquia; veio depois, nos anos 1920, o movimento tenentista, com oficiais a princípio de baixa patente, buscando o mesmo protagonismo. Valendo-se da posição de força armada, o grupo ameaçava desestabilizar os governos da chamada República Velha; o primeiro sucesso veio com a deposição de Washington Luís e a abertura do caminho para o Estado Novo. Entre os vultos de então estavam Juarez Távora e Eduardo Gomes, que décadas depois continuavam com o raciocínio de que ao Exército em particular cabia tutelar a nação. Luis Carlos Prestes é dessa fase, mas seguiu voo solo. Tornou-se o símbolo da extrema-esquerda e, por praticamente sete décadas, oscilou entre as imagens de mocinho e bandido, herói e traidor, a depender do ângulo de luz de quem observa.

No Estado Novo muitos tenentistas assumiram papel de interventores: Juracy Magalhães tomou posse na Bahia; Magalhães Almeida, no Maranhão; Landri Sales, no Piauí; e Joaquim de Magalhães Cardoso Barata, no Pará. Nos anos 1940 e 1950, os militares, já incluindo os altos quadros da Aeronáutica, passaram a atuar ora nos bastidores ora na linha de frente, valendo-se das suas patentes para derrubar governo (Getúlio) ou articular golpes contra a liberdade democrática (Juscelino).

O soldado profissional

O americano Samuel Phillips Huntington, nascido em Nova Iorque em 1927 e falecido em 2008, foi um cientista político de grande respeitabilidade no meio conservador. Dedicou-se a estudar as relações entre os militares e o poder civil. A propósito, entre os seus 17 livros, está o clássico "O Soldado e o Estado: teoria e política das relações entre civis e militares", lançado em 1957.

O coronel Paulo Roberto da Silva Gomes Filho, estrategista militar, escreveu a síntese da obra de Huntington:

> Assim, seriam três as responsabilidades do militar perante o Estado: a primeira seria de natureza representativa, pois ao mili-

tar compete manter as autoridades governamentais informadas quanto ao que ele considera ser indispensável para a manutenção da segurança do Estado. A segunda seria consultiva. Nesse sentido, caberia aos militares relatar os reflexos das políticas governamentais para a segurança do Estado. Finalmente, a última responsabilidade do militar seria executiva, implementando as decisões do Estado na área de defesa.

(...)

Huntington reitera ainda que o profissionalismo militar só ocorre quando sua lealdade se dirige exclusivamente ao ideal militar. Afirma que outras lealdades são transitórias e divisoras. Reafirma que as forças mais eficientes e competentes são aquelas em que a oficialidade é motivada por seus ideais profissionais, mais do que por objetivos políticos ou ideológicos.

Nessa linha, é de se admitir, mesmo nas fontes esclarecidas da caserna, que o papel do militar é associado eticamente ao serviço profissional do Estado, não lhe sendo lícito confundir os seus ofícios com o poder político. Todavia, segmentos fardados conseguiram plantar no imaginário de parcela da sociedade que a sua qualificação para enfrentamento de conflitos armados era, também, o recurso necessário para impor ordem interna, realizar ações públicas e governar com mão de ferro destruindo os opositores, vistos ao avesso como inimigos da democracia e semeadores do caos.

Mesmo personalidades que se apresentam como políticos, do universo civil, aparecem por vezes a festejar os quartéis; e indivíduos que poderiam ser classificados como instruídos, com educação formal expressiva, também se alinham aos que clamam pelas forças militares como sendo elas capazes de debelar os males de uma sociedade doentia. É natural, portanto, que tantos outros, de menos instrução, se associem a esse raciocínio. A ninguém ocorre a possibilidade que a ordem pode ser imposta no ambiente democrático; que o império da lei nos Estados modernos não depende de tanques e baionetas; que o desenvolvimento nacional é possível independentemente da imposição militar, porque este não é atribuição desse serviço especial, cuja missão é descrita na obra de Samuel Huntington.

Por óbvio não se pode atribuir essa distorção funcional à generalidade dos militares brasileiros. Como regra, são qualificados para o cumprimento das suas missões constitucionais; prestam serviço de relevância na defesa da soberania, no assessoramento de governos e em operações especiais de caráter humanitário. O problema está naquele reduzido núcleo – o dos ratos com comprometimento cognitivo – que associa o princípio da autoridade, essencialmente civil, com o poder das armas ou com o fetiche das fardas.

O golpe de 1964

> Atribuem-se feitos desenvovimentistas aos governos militares. Em qual clássico da literatura política do mundo está escrito que o desenvolvimento somente pode ser alcançado com ruptura democrática, cerceamento de liberdades, perseguição a opositores e assassinatos nos porões de delegacias e quartéis?

No dia 19 de março de 1964, 500 mil pessoas realizaram em São Paulo a chamada Marcha da Família com Deus pela Liberdade, organizada pelos grupos de direita. Havia gritos pela tomada do poder pelos militares. Por que Deus teria de ser envolvido nessa história, senão pelo simbolismo da salvação usado como manobra pelos manipuladores de consciências? Por que a família entrou no repertório? Porque tem apelo emocional; na família se idealiza a preservação de todas as virtudes. Por que a liberdade fez parte do pacote? Evidentemente porque se pretendia passar a ideia que, de outra forma, haveria um povo escravo, não se disse do quê e não se sabe objetivamente de quem. Mas ser livre é da natureza humana. Curiosamente aqueles que desfilaram com essa bandeira mal sabiam que, em questão de dias, a liberdade seria algo de propriedade das Forças Armadas, que decidiriam, sem julgamento e sem critério, quem poderia exercê-la e de qual forma.

Isso é corrupção. A consciência das pessoas é sequestrada de tal forma que elas passam a acreditar que as crises podem ser resolvidas fora da lei, sem controles formais, sem transparência pública e ao custo da vida de quem pensar o contrário. E até políticos com mandatos, que juraram defender a Constituição, auxiliam na ruptura do valor democrático e entregam o país àqueles que o assumem como se proprietários fossem.

O clima para o golpismo

O golpe militar de 1964 foi o coroamento do movimento tenentista; o ápice das articulações que ganharam ímpeto na década de 1940 e foram escancaradas nas escaramuças políticas dos anos 1950. Era a ideia de que cabia aos militares tutelar as instituições públicas, determinar as regras da política e dirigir o Estado, ao invés de servi-lo no estrito cumprimento das atribuições de ofício. Nas democracias, aos políticos compete resolver as crises políticas; e ao povo cabe, pelo voto, escolher os seus representantes para que assim o façam com probidade e eficiência.

Nada mais propício para o momento do que a conjugação de fatores: a) a eterna ameaça do comunismo plantada no ilusório popular; b) o governo Jango, com foco na justiça social, em contraponto ao conservadorismo das oligarquias; c) o financiamento dos EUA para candidaturas golpistas e patrocínio de jornais em campanhas detratoras.

Colocados esses ingredientes no caldeirão das conveniências, até democratas de carteirinha provaram da sopa. Nomes respeitáveis que denunciaram a vocação ditatorial de Vargas facilmente sentaram à mesa onde lhes foram servidos os pratos da pior ditadura que o Brasil conheceu. Alguns, acometidos de estomatite, saíram da sala tempos depois; outros, que eram vistos como possíveis candidatos em eleições futuras, tiveram os seus direitos políticos cassados; sobraram alguns que gostaram da comida, foram subservientes aos *chefs* da cozinha palaciana e ali ficaram a se lambuzar por anos a fio, sorvendo até a última gota de licor.

O poder pela força

O levante armado mobilizou-se a partir de Juiz de Fora, com as tropas do general Olympio Mourão, comandante da 4ª Região Militar. Tinha o suporte político do governador do Estado, o banqueiro Magalhães

Pinto. O general Amaury Kruel, até então o grande aliado de Goulart no Exército, retirou o seu apoio e o presidente se viu militarmente isolado. Jango sabia que os EUA se movimentavam na retaguarda do golpe, que seria inevitável. Com efeito, a CIA financiava os governadores de três Estados: São Paulo, Minas Gerais e Guanabara; o embaixador no Brasil Lincoln Gordon articulava nos bastidores e tratava do caso diretamente com o presidente John Kennedy, como revelaram áudios que anos depois foram conhecidos; e estava em andamento a "Operação Brother Sam", que consistia em reforço bélico aos militares rebelados. Forças navais estadunidenses saíram do Panamá rumo ao Rio de Janeiro para dar sustentação caso houvesse empecilho para o golpe[30].

Em paralelo uma mobilização popular de trabalhadores aguardava instruções de Brasília, com disposição de resistência. No dia 1º de abril o presidente se deslocou para a capital gaúcha e, escoltado pela Companhia de Guarda, foi para a residência do comandante do 3º Exército. Houve novos apelos para resistir, mas Goulart não quis mergulhar o país em uma guerra civil. Acompanhado do general Assis Brasil voou para a fazenda em São Borja, onde já se encontravam a mulher e filhos. Pediu asilo ao governo uruguaio.

Parlamentares servis ao poder das armas, enfeitiçados por coturnos, colaboraram com o apodrecimento da democracia; eram ratos alimentados por fartas finanças ou propaganda fajuta vinda dos EUA. Auro de Moura declarou vaga a Presidência da República no dia 2 de abril de 1964, sem que Jango tivesse renunciado e ainda que se encontrasse em território brasileiro. O gesto foi o sinal para que uma Junta Militar tomasse conta do Brasil, assim com faz o invasor à espreita que, vendo um terreno baldio, ocupa-o como se proprietário fosse. A reintegração de posse é sempre um processo complexo e, nesse caso, foram 21 anos de espera.

Foi decretado o Ato Institucional nº 1, formalizando a ruptura (corrupção) democrática e instalando a ditadura militar. Em 14 de abril de 1964, o marechal Humberto Castelo Branco foi empossado presidente da República, a pretexto de fazer uma intervenção cirúrgica para impedir o suposto avanço do comunismo e dar início a uma era desenvolvimentista[31]. Mera ilusão. Quando uma ditadura começa, não se pode prever o fim. Era apenas o início do ciclo de marechais/generais-presidentes, seguido de Costa e Silva, Garrastazu Médici, Ernesto Geisel e João Baptista Figueiredo.

Sob o pretexto de salvaguardar liberdades, o golpe começou por prender pessoas, cassar mandatos e aposentar compulsoriamente grandes cientistas e pensadores do país. De pronto, 27 militares que não aderiram ao golpe foram mortos; 7,5 mil membros das Forças Armadas e bombeiros foram presos e torturados ou expulsos de suas corporações por oposição ao golpismo. Ao contrário do que se pensa, a implantação da ditadura custou mais vidas e carreiras de militares honrados (resistentes à ruptura) do que de civis considerados "subversivos".

12

A DITADURA EM CURSO

Artur da Costa e Silva, marechal do Exército, tomou posse em março de 1967, tendo como vice-presidente o civil Pedro Aleixo. Acometido de trombose, os militares não respeitaram nem a sucessão que eles próprios estabeleceram: o vice-presidente, não foi empossado. Uma Junta fardada baixou o Ato Institucional nº 2, tomou o lugar do presidente em coma e no dia 30 de outubro de 1969 o transferiu ao general Emílio Garrastazu Médici.

Nos dois anos do segundo presidente militar houve ação estudantil e articulações grevistas de protesto. Em abril de 1968, inspirados em movimentos populares na França, 50 mil pessoas tomaram as ruas do centro do Rio de Janeiro; dois meses depois, já eram 100 mil, dentre elas padres, estudantes, artistas e intelectuais a protestar pela prisão de pessoas sem culpa e sem julgamento. Nessa multidão a clamar pelos prisioneiros do arbítrio estavam senhoras que, antes, desfilaram pedindo intervenção militar por Deus, pela família e pela liberdade.

A reação foi pesada e desproporcional contra "os comunistas, inimigos do regime", como se justificava então. Foi baixado o Ato Institucional nº 5 que dava ao presidente poderes extraordinários: fechamento do Congresso, cassação de mandatos, aposentadoria compulsória de adversários, prisão de qualquer suspeito de ser opositor. Era possível que um vizinho denunciasse aquele que fosse visto com um livro de Paulo Freire nas mãos – autor já festejado até em hebraico, mas considerado perigoso pelo título das suas obras, entre as quais "Educação como Prática de Liberdade" e "Pedagogia do Oprimido". O radialista que lesse uma notícia sobre briga de casal ou acidente de automóvel envolvendo um cabo ou sargento do Exército poderia ser preso, porquanto a estupidez dava a esses episódios a importância de segurança nacional.

O ministro Jarbas Passarinho, coronel reformado do Exército, culto e vivaz tribuno, declarou ao subscrever o ato que implantava o que ficou conhecido como Anos de Chumbo: "Às favas, sr. presidente, neste momento, todos os escrúpulos de consciência". Era a corrupção ética.

Período Médici

O general Emílio Garrastazu Médici assume o poder "hereditário" da dinastia militar preocupando-se, no primeiro momento, a se cercar de uma eficiente comunidade de informações. Uniu os escritórios do que seria o temido Serviço Nacional de Inteligência (SNI); o órgão foi corrompido do ofício de munir o presidente de assuntos de segurança do Estado e se tornou um formulador de relatórios risíveis, à época levados a sério como questões necessárias para garantia da ditadura. Dentro dos Anos de Chumbo surgia aquilo que os historiadores passaram a classificar como Guerra Suja.

Valendo-se de experiências de ditadores de outrora (Hitler, Mussolini e Getúlio), estabeleceu contraponto entre o endurecimento do regime com uma campanha para elevar a moral da população. Os serviços de comunicação do governo criavam *slogans* patrióticos a todo tempo e músicas de apelo cívico eram levadas ao inconsciente coletivo. As escolas infantis eram centros de exaltação dos valores ufanistas ditados pelo governo. Enquanto isso, nos porões da ditadura, era política de Estado o definhamento da dignidade humana: prisões aleatórias ancoradas em fofocas, perseguição sanguinária a qualquer opositor apontado como tal pelo soldado da esquina, tortura ao extremo da crueldade, desaparecimentos e mortes foram institucionalizadas.

Corporações de esquerda procuravam se organizar em forma de guerrilhas, valendo-se de táticas revolucionárias ensaiadas em Cuba e na União Soviética, onde encontravam amparo para extravasar o ardor da juventude. Houve iniciativas inconsequentes. Na revisão dessa época, tem-se hoje que essas incursões armadas de grupos de insurreição serviram para legitimar perseguições implacáveis; deram ao regime a desculpa que precisava para a continuidade: a ameaça do terrorismo internacional.

Médici apostou em programas de desenvolvimento, criando a figura do Milagre Econômico e, pessoalmente, não se expunha ao desgaste da truculência. Nos seus quatro anos na Presidência, ainda que tivesse o instrumental do famigerado AI-5, não cassou nenhum mandato. Aos olhos da nação anestesiada, era a personificação da simpatia, da popularidade nos estádios de futebol e daquele que fazia do Brasil um orgulho no mundo. Ninguém escutava os gemidos nas salas escuras dos quartéis e delegacias, nem os gritos de desespero de famílias que não encontravam filhos, pais e maridos. Os jornais estavam proibidos de utilizar a palavra "fome", pois não se podia empregar qualquer sinal que chamasse a atenção para o crescente aumento no índice de desnutrição absoluta que atingia 13 milhões de brasileiros em uma população de 95 milhões.

Boquinha dos militares

O prolongamento do regime militar era fortalecido por interesses de vantagens a oficiais que passaram a ocupar cargos públicos e, muitos, a ver nisso um interessante reduto de ratoagem. O enriquecimento pessoal correu sem controle, com a mídia sob a censura e as instituições públicas amaradas pelo sistema.

Celso Lungaretti descreveu para o Observatório da Imprensa como se dava o aproveitamento do governo de exceção[32]:

1) Os da ativa, como gestores de um setor estatal que estava sendo cada vez mais inflado, ou como beneficiários de suas **boquinhas**; e

2) Os da reserva como facilitadores dos favores oficiais (quase todos os grandes grupos privados contrataram militares reformados para integrarem seus conselhos de administração, como forma de terem seus interesses con-

templados nos altos escalões governamentais).

Registre-se que o presidente eleito em 2018, que demoliu as poucas bases de decência na democracia do Brasil, seguiu a mesma cartilha. Certamente para o desencanto dos militares profissionais, mergulhou a imagem das Forças Armadas com aproveitadores de ocasião, instalando indivíduos para engrossar salários e engomar egos em postos sensíveis do Executivo. O desastre está visto. É de esperar que as gerações futuras da família Bolsonaro troquem os sobrenomes para fugir do estigma de carregar um fardo na identidade; e que militares que se jogaram no lamaçal, sem sequer levar toalha para encobrir o lambuzo, passem o resto da vida a responder a processos e a ter as suas estrelas confundidas com ferrolhos inúteis.

Governo Geisel

Ernesto Geisel cumpriu o período de 1974 a 1979, encontrando grave endividamento externo, índices de inflação que causavam alarme e início de recessão. Era a época da alta dos preços do petróleo, de guerra no Oriente Médio (Guerra do Yom Kipur) e do reflexo do desequilíbrio na balança de pagamentos. O Milagre Econômico chegara ao fim. Ainda assim, o presidente levou avante grandes obras, como a Ponte Rio-Niterói, que permitiu a fusão dos Estados do Rio de Janeiro e da Guanabara; avançou com projetos de grandes hidrelétricas (Tucuruí e Itaipu) e criou o Estado do Mato Grosso do Sul.

Surge nesse período a Lei nº 6.339/76 que entraria para a literatura política como "Lei Falcão", em referência ao seu idealizador, o ministro da Justiça Armando Falcão. Era essencialmente uma ardilosa tentativa de, por meio da mudança da legislação eleitoral, impedir o crescimento de vozes de oposição. Imagine-se que os candidatos estavam proibidos de falar sobre propostas ou comentar qualquer assunto político-administrativo na propaganda eleitoral. Era uma escolha às cegas para o eleitor que quisesse fazer opção consciente. Os espaços nas rádios e televisões eram reservados para apenas um locutor ler breves dados sobre a trajetória de vida; na TV, a leitura era ilustrada pela foto do postulante ao cargo. O candidato não falava, não aparecia em imagens em movimento, não podia dizer a que vinha. É hilário se imaginar tamanha corrupção da lógica.

É evidente que, para efeitos de explicação pública, a lei trazia o salutar princípio da igualdade, pelo qual todos os candidatos podiam contar com o mesmo recurso. Tivesse ou não tivesse dinheiro, fosse da situação ou oposição, estavam igualados no rádio e na TV naquele esquisito modelo padronizado de participação política. Na época só havia dois partidos (a Aliança Renovadora Nacional, governista; e o Movimento Democrático Brasileiro, que reunia todos os pensamentos contrários). Afastada a versão oficial, o que se pretendia – e foi feito – era impedir a livre circulação de ideias, especialmente as que contivessem referência desabonadora à ditadura. Como curiosidade, registre-se que o MDB adotou uma forma de criticar a Lei Falcão: saia às ruas com candidatos e repentistas na carroceria de um caminhão Chevolet 51 que era apresentado como a "TV-MDB".

Havia um candidato opositor, por exemplo, residente na cidade fronteiriça de Quarai, que deu considerável trabalho aos opressores. Ele atravessava a Ponte Internacional da Concórdia que conecta o Brasil ao município de Artigas, no lado uruguaio, e de lá desbancava os ditadores em discursos inflamados. Ao retornar era aguardado pelo Exército e, naturalmente, preso. Como o fato repercutia no exterior, os militares tinham dificuldade para lidar com a situação, que se tornava notícia na imprensa livre europeia. Ademais, se houve crime, foi em território do Uruguai. Ou o crime se estende por ondas de rádio para outro país? Até essa questão jurídica entrou na pauta. Consta que, para se livrar de tantos processos na auditoria militar, o sujeito conseguiu laudo pericial que o classificava como doente mental. O problema é que se elegeu deputado estadual pelo MDB e não conseguiu tomar posse, exatamente por essa sua suposta condição clínica.

Pacote de Abril

Geisel lançou, ainda, em 1977, um conjunto de leis esdrúxulas que ficaram conhecidas como "Pacote de Abril". Michele Viviane Godinho Corrêa descreveu essa outra corrupção ética, política e institucional[33]:

> O jurista Paulo Brossard realizou um discurso contra a reforma do Judiciário no qual denunciou a forma parcial como funcionava a democracia brasileira, reunindo a ordem constitucional e outra, inconstitucional, o que resulta em completa desordem uma vez que elas repelem-se mutuamente. Com isso, foi tomado como o estopim para o Fechamento do Congresso e a imposição do Pacote de Abril.

A autora do texto "Pacote de Abril" explica:

> O Pacote de Abril anunciou as seguintes mudanças:
>
> - Fechamento do Congresso Nacional, conforme permitia o AI-5;

- 1/3 dos senadores seria de indicação da Presidência da República (senadores biônicos);
- Extensão do mandado presidencial de 5 para 6 anos;
- Manutenção das eleições indiretas para prefeitos de capitais, governadores e para Presidente da República;
- O quórum para a aprovação de emendas à Constituição passou de 2/3 para maioria absoluta;
- Aumento da representatividade de estados menores no Congresso Nacional, sobretudo no Norte e Nordeste, onde a Arena era predominante.

O Congresso Nacional não chegou a ser fechado, o que era previsto. O senador Petrônio Portela, aliado do governo, reagiu contra. No entanto, o Brasil passou a ter figuras exóticas, os senadores escolhidos pelo ditador, já não bastassem os governadores, prefeitos de capitais e de cidades consideradas de interesse nacional. O cálculo das representações estaduais também era uma forma de roer a lógica da proporcionalidade, de maneira que o sistema de exceção mantivesse maioria no Parlamento. Perceba-se a força de uma caneta na mão de um tirano quando tem o resguardo das Forças Armadas, o silêncio forçado da imprensa e a mutilação das liberdades de opinar, contestar e reunir-se. Quem assim exercita o poder, ainda que o faça dentro de uma dialética que lhe parece razoável nas circunstâncias, é um corrupto; é aquele que arrebata padrões éticos, fere de morte princípios da civilização que foram estabelecidos desde a antiga Grécia. Pode-se incluir nesse palco aquele tomado por uma disfunção cerebral; ele crê, por vezes piedosamente, que está fazendo o bem para todos, que é o único caminho da redenção e que os empecilhos aos seus passos devem ser estraçalhados a dinamite.

O efeito Jimmy Carter

O golpe, no entanto, cobrava a conta. Os EUA que financiaram a rataria em 1964, viram chegar à Casa Branca o presidente Jimmy Carter em 1977. O democrata deixou de lado a fantasia anticomunista como recurso para, pelo medo, alimentar ditaduras militares em várias partes do mundo, com ênfase para a América Latina. Geisel se viu obrigado a abrandar a voracidade ditatorial, o que fez sob a rotulagem da "distensão". Prometia publicamente uma "abertura lenta, gradual e segura".

Com esse mínimo aceno de liberdade futura, e acirrando-se a crise econômica, setores da sociedade também começaram, lenta e gradualmente, a expressar o descontentamento. Reclamações do governo eram feitas aos sussurros; a imprensa buscava forma de ludibriar a censura com artifícios de linguagem; militares de baixa patente começavam a desembarcar da aventura porque já sentiam nas mesas de casa os efeitos da inflação[34].

Nos altos escalões ainda transitavam roedores vorazes. O representante dessas ratazanas era o general Silvio Frota, que enfileirava a chamada "linha dura", discordando com a proposta de distensão. Geisel o demitiu do cargo de Ministro do Exército.

Figueiredo e o declínio da ditadura

Os presidentes militares eram "escolhidos" pelo Congresso Nacional, que, na prática, os elegia ou os elegia a partir da indicação do Exército (somente o Exército teve assento na cadeira da Presidência). Não havia alternativa prudente. Indicado para o novo mandato o general João Baptista Figueiredo, houve um ato de resistência simbólica que aliou o que existia de oposição tolerável, como o senador Paulo Brossard, e os suaves ruídos de afastamento de altos oficiais, uma ala liderada pelo general Euler Bentes Monteiro. Ambos se apresentaram ao Colégio Eleitoral como candidatos. Monteiro para presidente, Brossard para vice. Foi mais do que um simbolismo: Figueiredo ganhou com 355 votos e a chapa alternativa teve significativos 266 sufrágios. Foi o suficiente para mostrar que a ditadura estava fragilizada.

Opositores ganhavam visibilidade social e antigos aliados do regime de exceção mudavam de lado, como os ratos de navio, seguindo o antigo provérbio português: "Quando o navio afunda os ratos sãos os primeiros a pular fora".

Nesse clima, João Figueiredo entra em cena; troca a farda por terno e gravata, substitui os óculos escuros por um padrão casual, é repaginado pelos moldadores de semblante. Ainda antes da posse percorre o Brasil, acena para as pessoas, beija crianças, visita feiras agropecuárias e tenta transmitir a imagem de "político comum".

Ao assumir a Presidência vê a crise econômica em aceleração; muitos países entravam em quebradeira. Estava formado o ambiente social para que diversos setores da sociedade articulassem a volta da democracia, por mais frágil e viciada que ela fosse durante todo o período republicano. Em 1982, era elementar a dificuldade para os militares continuarem alojados no poder. Dez Estados elegeram governadores da oposição, dentre eles, as principais unidades da Federação: São Paulo, Rio de Janeiro e Minas Gerais.

Em 1979, o presidente visita Belo Horizonte e estende a mão para cumprimentar uma garotinha de cinco anos de idade. Com firmeza e convicção, a menina cruza os braços e se recusa a responder ao gesto de Figueiredo. O fotógrafo Guinaldo Nikolaevsky registra a cena; a imagem corre o mundo. Era a representação do vexame; foi usada como símbolo da reprovação da ditadura, como registrou a Folha de S. Paulo[35].

A linha-dura do Exército, ainda assim, não queria entregar os espaços nos quais vendia prestígio ou ostentava influência. A possibilidade de eleições eram apresentadas como perigo da volta dos *inimigos da democracia*, por mais hipócrita que seja o argumento. Assim, reacionários passaram a realizar uma série de atentados que atribuíam a *comunistas*, como a fracassada tentativa de explosão de bomba em meio a multidão reunida durante um show no Riocentro. O artefato explodiu dentro do automóvel onde estavam os militares, desmascarando a trama. Um bloco inteiro do Jornal Nacional, da Rede Globo, dedicado à cobertura do fato, foi censurado e deixou de ir ao ar. Outras investidas eram contra líderes e organizações de oposição ao regime militar, como à Ordem dos Advogados do Brasil, que resultou na morte da secretária da presidência da entidade, Lydia Monteiro, e em outras seis pessoas feridas. Bancas que vendiam publicações consideradas *subversivas* foram para os ares também alvos em São Paulo e Minas Gerais[36].

Na outra ponta avançava no Congresso Nacional o projeto de emenda constitucional proposto pelo deputado federal Dante de Oliveira, o qual levaria multidões às ruas em 1984 em uma campanha que entrou para a história com o nome de "Diretas Já". À frente dessa mobilização estavam pessoas que a folclórica humorista Dercy Gonçalves definiria como "respeitáveis senhores; e senhores que não se dão ao respeito".

A "Emenda Dante de Oliveira" não foi aprovada, frustrando o que já era a grande expectativa nacional. No entanto, setores militares já não enxergavam futuro e assentiram com Figueiredo na costura para a entrega da Presidência a um poder civil. Foi admitida a chapa Tancredo Neves e José Sarney, aprovada pelo Colégio Eleitoral em janeiro de 1985. E muitos que agitaram multidões pela chamada redemocratização se tornariam protagonistas da política nos 30 anos seguintes, contribuindo para emporcalhar a administração pública com a falta de decoro e, no mínimo, com a conivência com rumorosos casos de corrupção.

General Golbery

A história da ditadura tem muito da astúcia do general Golbery do Couto e Silva, figura que preferia agir na penumbra do poder como conselheiro e articulador de tramas que tentavam inviabilizar o crescimento da oposição, embora fosse contrário à "linha dura" do Exército. A sua técnica remetia às sutilezas de Maquiavel. Com grande conhecimento de geopolítica, foi um dos principais teóricos da doutrina da segurança nacional. Após apoiar o golpe, com a ascensão do marechal Castelo Branco, afastou-se do governo em 1967 em gesto de contrariedade à sucessão pelo general Costa Silva. Voltaria ao poder nos governos Geisel e Figueiredo.

Foi o grande articular da reforma política de 1979, colocando fim ao bipartidarismo. Mas havia uma maquinação secreta no projeto. As novas legendas que seriam criadas ou reintroduzidas deveriam começar com a denominação "Partido". Com isso se imaginava eliminar o opositor de sempre, o MDB. Mas como na física, a política também é regida pelo enunciado de que *a toda ação corresponde uma reação de igual força e direção contrária.* Os emedebistas simplesmente incluíram a letra "P", mantendo-se em evidência como PMDB. Já o partido de sustentação da ditadura, a Arena, não teve remendo. Passou a ser PDS, Partido Democrático Social que, a bem da verdade, nem era democrático e muito menos social; depois se tornou PP, Partido Progressista, cujo rótulo não correspondia a uma gota do conteúdo da garrafa. Essa sigla, a propósito, seguiu anos afora agregado a quem estivesse no governo, tirando lascas de aproveitamento em cargos públicos; em 40 anos não houve nada pútrido nas relações institucionais em que prepostos dessa legenda não se colocassem no meio.

O enredo de Golbery foi bem sucedido noutro ponto: dividiu a oposição. O que era o uníssono MDB se esfacelou em outras siglas e gerou embate entre as novas lideranças. O PTB foi ressuscitado pela deputada Ivete Vargas, em rusga judicial com Leonel Brizola, a quem restou fundar o PDT. Vieram na sequência, entre outros, o Partido dos Trabalhadores (PT), o Partido da Frente Liberal (PFL), o Partido Comunista (PCB) e o Partido Comunista do Brasil (PCdoB), o Partido Socialista Brasileiro (PSB), o Partido Social Cristão (PSC), o Partido Trabalhista Renovador (PTR), o Partido da Reunificação da Ordem Nacional (Prona), o Partido Liberal (PL), o Partido da Social Democracia Brasileira (PSDB) e outros que se multiplicaram como produtos de dissidências. Quando se chegou às eleições diretas para a Presidência da República em 1989, os nomes que fizeram história na resistência da ditadura estavam divididos a brigar entre si.

Não se nega, no entanto, que Golbery era "um ser muito cordial, bom conhecedor da alma brasileira, dotado de senso de humor"[37]; e teve papel fundamental, desde ideólogo do golpe de 1964 até ao convencimento de Geisel a iniciar o enfrentamento ao crescente terrorismo de Estado.

Corrupção na ditadura

A democracia chegou em 1964 sob o entusiasmo de incautos com o pretexto de garantir a democracia e as liberdades. Rompeu de imediato com o processo democrático, impedindo eleição direta para a Presidência, dando ao ditador o poder de escolha de governantes de Estados, de capitais e de sítios considerados *estratégicos para a segurança nacional*; tolheu a liberdade de opinião, de reunião e de oposição e, por diversas manobras, como a Lei Falcão, criou embaraços na legislação eleitoral para que adversários do regime ascendessem a cargos públicos pelo voto popular. O golpe também trazia a bandeira de combate à corrupção e afastamento do horror do comunismo; tanto se mencionavam as execuções no *Paredón*, admitidas na ONU por Ernesto Che Guevara, como avançava em histórias mirabolantes que produziam medo às crianças, adultos e velhos. Sem pudor, todavia, prendia e assassinava impiedosamente jovens desarmados; torturava quem ousasse se atrever à singular leitura de um livro de Max; jogava ao mar seres humanos, sem qualquer oportunidade de defesa perante um juiz. Comportava-se à semelhança dos piores momentos dos regimes comunistas no mundo no que concerne ao relacionamento com os contrários.

Nesse contexto se enfatiza a Operação Bandeirantes – Oban, uma formação paramilitar sediada em São Paulo com elementos do Exército, da Marinha e da Aeronáutica, dos serviços de informação (SNI e Secretaria estadual de Segurança Pública) e policiais civis e federais unidos no propósito de literalmente exterminar qualquer sinal de reação à ditadura. A descrição das atrocidades por aqueles que sobreviveram estão documentadas em arquivos públicos.

Em especial no âmbito do 2º Exército, em São Paulo, prosperava a truculência. Enquanto Geisel tentava reduzir a hostilidade contra as Forças Armadas e abrandar o regime com o seu projeto de distensão, a rataria se movimentava com desenvoltura na Região Militar sediada em São Paulo. O comandante, general Ednardo D'Ávila Mello, alinhavava o endurecimento seguindo a ladainha dos roedores da humanidade que enxergavam perigosos subversivos em qualquer pessoa que não rezasse pela cartilha da "revolução". O governador nomeado Paulo Egydio, que gozava de prestígio com o presidente-general, telefonou na noite de 18 de janeiro de 1976: "Desculpe incomodá-lo", afirmou Paulo Egydio a Geisel. "Morreu outro preso no DOI. Outro enforcamento". Referia-se ao jornalista Vladimir Herzog, que, assim como o metalúrgico Manoel Fiel Filho foi assassinado nas dependências do DOI-Codi, a base da polícia política e um dos mais infelizes símbolos da repressão. No dia seguinte, o comandante foi exonerado. Isso significa que dentro da corrupção da democracia, representada pelo golpe de 1964, havia a corrupção interna no regime, com tentativas de um general para derrubar o outro. Perante a Comissão da Verdade, em 2013, Paulo Egydio Martins declarou que os "militares linha-dura não queriam que o Geisel desse continuidade à abertura política que ele estava implementando; (...) eles queriam um regime mais forte e violento" para tirar o presidente do poder.

Esse embrulho, por si só, é algo que mistura dissimulação, sadismo e apego ao poder a qualquer custo. Uma completa ruptura (corrupção) da honestidade de propósitos. Mas é preciso acrescentar que a esse pacote se juntou a corrupção como tipo penal próprio, aquela em que o agente público se vale do cargo para obter vantagem para si ou para outrem. Poucos episódios vieram a público. Os ratos circulavam pelos quartéis e nos corredores da administração pública com desenvoltura; estima-se que menos de 10% dos casos sejam conhecidos; dos conhecidos, a maioria foi escondida imediatamente porque não seria de conveniência associar esse formato de crime com os governos militares que vieram para fazer a limpeza que a vassoura de Jânio não conseguiu.

Entretanto, alguns escândalos foram emblemáticos. Valem, ao menos, serem citados como referência apara avivar a memória de quem imagina que a ditadura era um templo de virtudes[38]:

1. Contrabando na Polícia do Exército – A partir de 1970, dentro da 1ª Companhia do 2º Batalhão da Polícia do Exército, no Rio de Janeiro, sargentos, capitães e cabos começaram a se relacionar com o contrabando carioca. O capitão Aílton Guimarães Jorge, que já havia recebido a honra da Medalha do Pacificador pelo combate à guerrilha, era um dos integrantes da quadrilha que comercializava ilegalmente caixas de uísques, perfumes e roupas de luxo, inclusive roubando a carga de outros contrabandistas. Amante do futebol e do samba havia ingressado na Polícia do Exército, de acordo com os seus superiores, "inteiramente imbuído dos objetivos revolucionários, por um Brasil melhor, livre da corrupção e da subversão. Não tardou para liderar um grupo que escoltava e intermediava negócios dos contraventores. Guimarães deixou a caserna e se tornou um dos principais banqueiros do Jogo do Bicho.

2. A vida dupla do delegado Fleury Sérgio Paranhos Fleury – Era um dos nomes mais temidos da repressão em São Paulo. Atuou na captura e assassinato de presos políticos, sob o manto de defender uma revolução nos costumes. Resultou acusado pelo Ministério Público de associação ao tráfico de drogas e extermínios, líder do Esquadrão da Morte. De acordo com investigações do órgão ministerial, ligou-se a criminosos comuns, fornecendo serviço oficial de proteção ao narcotráfico.

3. Os governadores biônicos – Governadores indicados pelo plantonista do poder, general Médici, se envolveram em casos de extorsão que não conseguiram acobertar. No Paraná, Haroldo Leon Peres foi escolhido após ser elogiado pela postura favorável ao regime; um ano depois foi identificado extorquindo um empreiteiro em US$ 1 milhão e teve de renunciar. Na Bahia, Antônio Carlos Magalhães, em seu primeiro mandato no Estado, foi acusado em 1972 de beneficiar a Magnesita, da qual seria acionista. Magalhães, a propósito, era símbolo do coronelismo que insistia em se manter no fim do século 20. Formou-se em medicina em 1952, teria atuado como professor-assistente por dois anos e certamente nunca mais pegou em um bisturi de hospital. Passou a fazer cirurgias para extrair as tripas do Estado nacional. Iniciou na política como deputado estadual em 1954. Misturava simpatia e arrogância; a carência de escrúpulos lhe conferiu o apelido de "Toninho Malvadeza". Na ditadura foi nomeado prefeito de Salvador e governador da Bahia. Envolvido em escândalos de fácil pesquisa, atravessou anos nos círculos do poder, com os governos Sarney, Collor e Fernando Henrique. Formou na política uma fortuna com pelo menos 15 grandes grupos empresariais e mantinha com mão de ferro os seus currais eleitorais.

4. O caso Lutfalla - Esse episódio ocorrido em 1979 colocou o nome de Paulo Salim Maluf como outro governador envolvido em denúncias. Teria beneficiado a empresa têxtil de sua mulher, que estava em falência, com negociação de empréstimo do Banco Nacional de Desenvolvimento. A partir de então, surgiu o verbo "malufar", associado a meter na bolsa o dinheiro alheio para vantagens próprias e dos seus. O ardoroso conservador da moral e dos bons costumes, defensor do regime ditatorial, alongou a carreira dividindo noticiários políticos e policiais. Até 2017 garantiu blindagem nos tribunais; em 2007 chegou a cumprir breve prisão por lavagem de dinheiro. A Justiça brasileira possui uma série de documentos que indicam movimentação de US$ 446 milhões para bancos no exterior. Muitos dos crimes apontados aconteceram depois da ditadura, mas não se pode desprender esse nome do meio das impurezas projetadas pelo golpe militar, que tolerava desmandos enquanto os seus autores estivessem ao valoroso serviço de combate à imaginária subversão.

5. O regime tinha mordomias – Em 1976 alguns jornais arriscavam as rotativas e as cabeças dos editores noticiando os primeiros casos de abuso do dinheiro público por ministros e funcionários federais de alto escalão. O jornalista Ricardo Kotscho publicou no Estado de S. Paulo reportagens mostrando, por exemplo, as regalias na casa funcional do ministro de Minas e Energia, enquanto o ministro do Trabalho contava com 28 empregados para si. No governo de Brasília, nomeado pelos ditadores, eram comprados desde frascos de laquê até alimentos em quantidades desmedidas – 6.800 pãezinhos teriam sido adquiridos em um mesmo dia. Filmes eróticos que a censura proibia para a proteção da moralidade pública eram exibidos nas residências oficiais.

6. Ministros e conluio com empreiteiras – Vários ministros de Estado foram associados a transações ilícitas de favorecimento a empreiteiras, sendo um dos primeiros casos a burlar a censura uma ajuda à Camargo Corrêa para ganhar a concorrência da construção da hidrelétrica de Água Vermelha (MG).

7. As comissões da General Electric – Durante um processo no Cade (Conselho Administrativo de Defesa Econômica) em 1976, o presidente da General Electric no Brasil, Gerald Thomas Smilley, admitiu que a empresa pagou comissão a alguns funcionários no país para vender locomotivas à estatal Rede Ferroviária Federal, segundo noticiou a Folha de S. Paulo na época. Coincidentemente nesse período, em 1969, um dos diretores da empresa era irmão do ex-presidente Costa e Silva.

8. O caso Capemi e o dossiê Baumgarten – Aqui entra em cena o truculento general Newton Cruz em tramoia com o jornalista Alexandre von Baumgarten, colaborar do Serviço Nacional de Informações. O informante foi assassinado em 1982, pouco depois de publicar um dossiê acusando o general de planejar sua morte temendo a divulgação de um relato sobre as denúncias envolvendo Cruz e outros agentes do Serviço no escândalo da Agropecuária Capemi, empresa dirigida por militares, contratada para comercializar a madeira da região do futuro lago de Tucuruí. Pelo menos US$ 10 milhões teriam sido desviados.

9. Grupo Delfin e crédito imobiliário – Em dezembro de 1982, a Folha de S. Paulo apontou que o Grupo Delfin, empresa privada de crédito imobiliário, foi beneficiada pelo governo por meio do Banco Nacional da Habitação ao obter Cr$ 70 bilhões para abater parte dos Cr$ 82 bilhões devidos ao banco. Segundo a reportagem, o valor total dos terrenos usados para a quitação era de apenas Cr$ 9 bilhões. Assustados com a notícia, clientes do grupo retiraram seus fundos, o que levou a empresa à falência pouco depois. A denúncia envolvia os nomes de três poderosos ministros da ditadura.

Uma praga de ratos por toda parte

Resgate histórico publicado no jornal digital DCI em fevereiro de 2021[39] aponta que o combate à corrupção foi uma das bandeiras do golpe de 1964, e alimenta crenças até os dias de hoje quanto a ser o regime da pureza, da decantação das práticas públicas, de austeridade e de combate impiedoso aos corruptos. É sabido, no entanto, que quanto mais fechado for o sistema menor é a possibilidade de controle. As instituições são corroídas pela podridão, a vida de quem se atrever ao enfrentamento é posta a risco e a censura silencia as vozes da imprensa e dos cidadãos em geral.

A corrupção em Cuba não pode ser escamoteada: atinge tanto a cúpula do Partido Comunista como profissionais de fora da política, segundo os documentos do Escritório de Interesses *Wikileaks*. Os relatos dizem "que o roubo e a corrupção é generalizada na polícia, no setor turístico, no de transporte, no de construção e no de distribuição de alimentos". O levantamento aponta que "as autoridades cubanas toleram as corrupções até certo ponto, mas podem atuar com contundência e severidade quando os desvios de dinheiro são muito grandes, daí as constantes destituições de ministros e altos cargos da Administração"[40].

O jornal El País[41] aponta a Venezuela, na atualidade, como o país mais corrupto da América Latina, uma percepção em nível global. Pode-se afirmar que o chavismo deixou um rastro de corrupção em duas décadas de revolução bolivariana. O crime tomou conta de todos os ramos do poder; a própria Justiça se tornou seletiva. Luisa Ortega Díaz, procuradora-geral do país, precisou fugir em 2018 por denunciar a repressão; consigo foi para o exílio Zair Mundaray, ex-diretor de Atuação Processual do Ministério Público (2016-2017), que encontrou condições minimamente seguras para denunciar o enriquecimento de funcionários públicos.

Ainda se vê aduladores do truculento regime Pinochet, imposto a baionetas e bombardeios no Chile. Dizem que foi um período de prosperidade, contra a sempre ameaçadora onda da esquerda comunista. A Justiça chilena levou 14 anos para encerrar o "Caso Rigss", um sofisticado esquema de desvio de dinheiro pelo ditador que, depois, recebeu abrigo no Brasil. Segundo as investigações, as remessas ao exterior começaram em 1981, quando o Pinochet ainda estava no poder, e continuou mesmo após o ex-ditador deixar a Presidência, quando passou a chefiar o Exército, durante oito anos[42].

O Peru é outro país na classificação da corrupção sistêmica. Alberto Fugimori inaugurou nos anos 1990 um regime autoritário, com o pretexto de combater guerrilheiros e, sob esse desvio de foco da opinião pública, cometeu todas as formas de corrupção: das manobras da democracia e das liberdades ao enriquecimento ilícito. Desde então, "figuras cada vez mais duvidosas entraram para o Congresso em Lima: empresários questionáveis, coronéis de província corruptos, pequenos criminosos e vigaristas que descobriram a política como meio de enriquecimento fácil. Eles nunca estão reunidos em torno de convicções políticas. Quem observa o Legislativo peruano se espanta ao ver até que ponto a vida política de um país pode degenerar"[43].

Portanto, a corrupção faz parte da história e do lastimável vínculo com o poder político, seja exercido por civis ou militares. O maior equívoco, todavia, está em se associar os coturnos com decência, o cerceamento da liberdade opositora com o fim da corrupção, o sequestro das instituições para obter legitimidade a crimes de toda espécie. Mas essas escaramuças se repetem por toda parte, modificando, aqui e ali, a forma de ingresso e de saída dos roedores do ambiente. Com a amplitude dos meios de informação, vieram a lume casos escabrosos em sociedades como os Estados Unidos, o Japão, a Suécia e Cingapura. Portugal, Itália, Grécia, Turquia, Espanha, Bulgária e Rússia entram nesse rol maldito. Em piores níveis estão Iraque, Afeganistão, Turcomenistão, Coreia do Norte, Somália, Líbia, Síria, Iêmen, Haiti, Guiné-Bissau, Guiné Equatorial, Camboja, Zimbábue, Chade – não necessariamente nessa ordem, mas dentro de uma lista da Transparência Internacional.

Matéria de Rodrigo Cavalcante publicada na página digital da revista Superinteressante contribui com a avaliação[44]:

> Nesse quesito, convenhamos: a reação de boa parte dos brasileiros parece a de um adolescente bipolar. De um lado, indignação crescente diante de revelações diárias de bilhões de reais em recursos públicos desviados para favorecer empresas e partidos políticos. Do outro, certo cinismo, descrença e até uma convivência pacífica –

muitas vezes complacente – com indivíduos e empresas que se beneficiam desses acordos. (...) Ou seja, para combater a corrupção, o primeiro passo é ter maturidade para deixar de vê-la apenas como algo distante, sempre relacionado ao outro.

Verifica-se que a corrupção não pertence a uma ideologia, não é de direita, de centro ou de esquerda. A corrupção é uma ideologia própria, que se aproveita de circunstâncias. Deixando-se uma brecha, os ratos roem até o Banco do Vaticano.

13

REABERTURA E GOVERNO DE TRANSIÇÃO

Estava evidente que não era mais possível esticar a ditadura. Regimes similares na América Latina começaram a ruir; os olhos do mundo civilizado se voltavam para esses países com governos ilegítimos, algozes de direitos humanos e cerceadores de liberdades. Constatava-se que, ao custo de propaganda falsa, o desenvolvimento apregoado não correspondia à realidade da pobreza da maioria das populações sob os domínios de exceção.

Lei da Anistia

Esclareça-se que em 1979, no governo do general Figueiredo, foi adotada a Lei de Anistia. A votação de oito horas foi tensa. Havia soldados a paisana nas galerias, muitos preocupados com armadilhas que pudessem aprisionar os ratos que transitaram abusadamente pelos corredores da Pátria. Tiveram êxito: foram anistiados também os militares envolvidos em crimes cometidos contra aqueles que estavam sob a guarda do Estado; e não foram contemplados os indivíduos condenados por crimes de terrorismo, assalto, sequestro e atentado, atos atribuídos aos extremistas da oposição[45].

A anistia permitiu o retorno de exilados ao Brasil e a recuperação de direitos políticos por quem fora cassado. Isso trouxe 2.000 brasileiros de volta ao país, reintroduzindo na cena política nomes como Leonel Brizola, Miguel Arraes, Fernando Henrique Cardoso e Luis Carlos Prestes. Fortaleceram-se outros: Ulysses Guimarães, por exemplo, que comandou a resistência no Congresso Nacional, ganhou impulso como comandante nos passos seguintes para o que deveria ser a redemocratização.

Poder civil

Os militares preparavam uma saída honrosa, não sem antes manter a eleição para presidente e vice-presidente por meio indireto, no Congresso Nacional. Apostaram em uma candidatura do sistema, representada pelo polêmico Paulo Maluf, que obteve 180 votos, contra uma aliança opositora (Aliança Democrática) que tinha à frente Tancredo Neves, eleito com 480 adesões. A eleição não trouxe traumas, porque Tancredo era confiável; político astuto, negociador habilidoso, não adotaria providências de revanche. Para vice-presidente a opção foi José Sarney, que se manteve fiel à ditadura até o último gole de suco e, depois, fez fileira com os desertores do regime; todavia, não tinha motivos para desforra e, dessa forma, podia ser tolerado pela resistência militar.

Tancredo adoeceu na véspera da posse em março de 1985 e faleceu em abril, aos 75 anos de idade. Sarney, que assumira interinamente, ficaria no comando da nação para cumprir o mandato e iniciar outra era, a da Nova República, dizia-se.

Governo Sarney

Dia 8 de maio de 1985, com pouco menos de dois meses no poder, o presidente José Sarney dá início ao que se chamou de redemocratização. Foi aprovada emenda constitucional restabelecendo eleições diretas gerais (de prefeito a presidente), dando direito a voto aos analfabetos e liberdade aos partidos políticos, incluindo o Partido Comunista. Por outro lado, o velho aliado da ditadura se recusou a acabar com os dispositivos legais do regime de exceção, o denominado arcabouço autoritário. Valeu-se dessa legislação excepcional para reprimir duramente mobilizações sociais, principalmente greves. Três jovens trabalhadores foram mortos com golpes de baionetas por soldados do Exército durante ato reivindicatório na Companhia Siderúrgica Nacional[46].

O próprio presidente não escapou de denúncias de corrupção. O caso mais expressivo foi o da Ferrovia Norte-Sul, que ligaria o Estado de origem de Sarney (Maranhão) a Brasília. Uma Comissão Parlamentar de Inquérito (CPI) de 1988 chegou a acusar o primeiro mandatário por desvios de verbas públicas. Como geralmente ocorre com as CPIs, o resultado produzido não teve consequência. Aliás, essas comissões para investigar corrupção são muitas vezes, elas próprias, fontes de enriquecimento ilícito de parlamentares, que manipulam os atos, escamoteiam provas e negociam o esvaziamento do inquérito parlamentar em troca de vantagens.

José Sarney de Araújo Costa, nascido José Ribamar Ferreira de Araújo Costa, começou cedo na política e entrou no time dos que levaram uma vida sem conhecer o que é um trabalho "normal". O currículo aponta a profissão de advogado, mas bacharelou-se em 1953 e em 1954 já estava com os pés e bigodes dentro da lamaceira política coronelista. Nessa época aparece envolvido em apoio aos seus coligados no roubo de

60 mil exemplares da revista O Cruzeiro, importante publicação pertencente aos Diários Associados. O material seria de interesse dos adversários eleitorais, fato citado no Livro Chatô o Rei do Brasil, de Fernando Morais, p. 550.

Como presidente por acaso, contribuiu para manipular as eleições que selecionariam os novos membros do Congresso Nacional, aqueles que conciliariam as atividades ordinárias com os poderes constituintes. O país estava assombrado com o fantasma da inflação, que atingiu uma taxa anual de 517%, de acordo com índice da Fundação Getúlio Vargas. Por decreto, em fevereiro de 1986 Sarney anunciou o Plano Cruzado, sob a batuta do ministro da Fazenda Dilson Funaro. Era uma drástica intervenção na economia, com controle de preços, levando a população ao delírio. Surgiram os "fiscais do Sarney", que invadiam supermercados com tabelas na mão, agrediam gerentes, chamavam a polícia, e, no vocabulário popular, botavam a boca no trombone. Foram dias de glória, com o presidente no maior nível de popularidade. Uma medida artificial, entretanto, era o caminho certo para dar errado. Produtos básicos sumiam das prateleiras, a força da produção industrial caiu drasticamente, havia desabastecimento de tudo, do óleo de cozinha a geladeira. O governo reagia com ameaças aos comerciantes e com a apreensão de bois no pasto, retirados a força das fazendas para garantir a carne nos açougues. Mas até então, a coragem do governante que defendia os consumidores era algo festejado pelas ruas.

Todavia, estava evidente a necessidade de mudar o rumo, mas também se impunha a conveniência de manter o engodo ate às eleições daquele ano para privilegiar os candidatos do partido político que dava sustentação ao governo. Quem pertencia ao PMDB saia à frente pelo simples fato de vincular o nome às escaramuças econômicas de então. Fechadas as urnas, foi dado um tiro de misericórdia no Plano Cruzado; quem elegeu as grandes bancadas no Senado Federal e na Câmara dos Deputados se sentiu traído. O país conhecia mais uma forma de estelionato eleitoral. Era outra modelagem de corrupção política – a de ludibriar o povo com uma situação irreal até o momento que dele pudesse arrancar o sagrado voto. Depois, poder-se-ia virar as costas e deixá-lo de volta com uma inflação que alcançou 84,23% ao mês e um índice acumulado que chegou a 4.853,90% em um ano. Em resumo, o governo Sarney ficou marcado na história da República brasileira como o governo da década perdida.

Há um episódio hilário: Sarney mandara cunhar na nota de 500 cruzados (a de maior valor na nova moeda) a expressão "Deus seja louvado". Quando o plano afundou, o folclórico parlamentar Amaral Neto, do Rio de Janeiro, disse na tribuna da Câmara dos Deputados que, com a inflação a mais de 4.000% ao ano, o presidente mandaria trocar a inscrição para "Seja o que Deus quiser".

A corrupção não ficou na trapaça com os eleitores do Brasil. Sarney deveria cumprir quatro anos de mandato: comprou parlamentares constituintes, distribuiu com fartura concessões de rádio e televisão a congressistas, familiares de políticos e amigos do peito. Foram 1.088 liberações de licenças para exploração de sistemas de radiodifusão e TV, em tempos sem Internet, quando possuir um canal representava ganhar na loteria. Durante o tempo de aviltamento de consciências aos membros do Parlamento, o governo entregou mais concessões do que nos 60 anos anteriores[47]; com essa distribuição de queijos aos ratos do Parlamento, recebeu de lambuja um ano a mais de mandato. Foi nessa época que ficou conhecido um bordão, extraído da oração de São Francisco: "é dando que se recebe".

Em 1986 foram eleitos os membros da Assembleia Nacional Constituinte, composta no embalo do Plano Cruzado, que, como visto, foi estendido até o fim das eleições para favorecer os candidatos do PMDB.

Já existindo uma Assembleia convocada, o presidente José Sarney, para deixar a sua marca, decidiu nomear uma comissão de notáveis para elaborar um anteprojeto de Constituição. 50 pessoas notabilizadas por decreto receberam a incumbência. Gastaram 104 dias laborando por conta do Tesouro. Só em transporte e hospedagem foi gasta uma importância que um operário comum levaria 313 anos para ganhar. Com esse valor, poderiam ser produzidas 14 milhões de refeições a flagelados da seca. Ao todo, consumiu-se, à época, sete milhões 314 mil cruzados, dinheiro suficiente para equipar quatro mil salas de aulas.

Tudo sem proveito. O próprio presidente discordou de algumas propostas do grupo; e os parlamentares, eleitos para a tarefa, não quiseram nem ouvir falar do anteprojeto dos notáveis.

14

A FARSA DA CONSTITUINTE

A expressão é forte e polêmica, mas não é exagero dizer que o processo de elaboração da nova Constituição brasileira foi o mais fascinante, caro e inútil espetáculo já produzido em toda a história da política, das atividades jurídicas e da dramaturgia nacional. Fascinante, porque mobilizou a nação, despertou a cidadania e fomentou o interesse e as esperanças nos destinos do país; caro, porque consumiu uma montanha de recursos públicos, muito além do que poderia ser previsto no mais oneroso dos orçamentos; e inútil porque a maior parte dos *trabalhos* não passou de jogo de cena, servindo exclusivamente para colocar no palco atores de terceira grandeza, ávidos por espaços na mídia, sedentos por instantes de fama. A isso se agrega a constatação de que cada presidente que assumiu após a promulgação da Carta fez o recorte do seu interesse. O número de emendas constitucionais transformou a Lei Maior em um folhetim que a cada mês pode trazer enunciado novo. Conta-se, a propósito, que um jurista procurou em Paris um exemplar da Constituição brasileira para ver como ela era apresentada na versão francesa. Ouviu do livreiro: "Não trabalhamos com periódicos".

Admite-se que Constituição trouxe avanços sociais e conceitos modernos acerca da organização do Estado. Mas, de um lado, muitas dessas *conquistas* passam ao largo das intenções de quem governa; os fundamentos da República são desconhecidos na prática e não se viu, nas mais de três décadas que a seguiram, qualquer empenho, por exemplo, para o desenvolvimento nacional, com redução das desigualdades sociais, erradicação da miséria e valorização efetiva da dignidade da pessoa humana. Isso deu margem à infeliz referência: "A Constituição é como o programa oficial Voz do Brasil: ninguém liga".

Para passar a ideia de participação popular, iniciou-se a coleta de sugestões da sociedade. Enxurradas de correspondências chegavam todos os dias, espelhando os anseios do povo. Esses expedientes nunca passaram dos funcionários do Legislativo, encarregados de catalogá-los, sem nenhum sentido prático. Inventou-se, depois, a figura das *Emendas Populares*. O povo saia às ruas para juntar, no mínimo, 30 mil assinaturas e, assim, formalizar uma proposta que, a bem da verdade, ninguém considerava. Só teve uma que, pelo apelo desesperado de uma mãe, balançou nos noticiários de então e foi levada ao Plenário: a que garantia renda a deficientes físicos.

Centenas de milhares de pessoas foram mobilizadas em peregrinação a Brasília. Amontoavam-se nos corredores do Congresso Nacional e ocupavam os jardins da Esplanada dos Ministérios. Mais uma vez, para nada. As verdadeiras decisões eram tomadas na calada da noite, em negociações nada transparentes, em rega-bofes com o mais seleto whisky, pagos por corporações privadas, à revelia do grito das ruas.

Para encantar a massa sedenta por direitos e favores, montou-se um circo. Inchou-se a Constituição de dispositivos sem nenhuma validade prática. Juros de 1% ao mês, salário mínimo "digno", aposentadoria com vantagens e muitos, muitos direitos trabalhistas. O resultado foi uma Carta de boas intenções, que nada acrescentou à qualidade de vida do povo brasileiro e deu mil espaços de manobra para o poderio dos negócios com o Estado e para subverter o sentido da democracia.

A instalação da Assembleia

A instalação da Assembleia Nacional Constituinte ocorreu no dia 1º de fevereiro de 1987, domingo de sol. Cedo, preparavam-se para a solenidade os 559 parlamentares, das mais diversas formações. Por exemplo, 48 médicos, 47 engenheiros, 171 advogados, 40 empresários rurais 24 economistas, 23 jornalistas, 15 professores, 9 radialistas, 11 administradores, 6 pastores evangélicos. 26 eram mulheres, 6 negros, 5 operários. 23 deles tinham menos de 30 anos; 102 estavam na faixa dos 31 aos 40 anos; 59 contavam mais de 60 primaveras.

Na Esplanada dos Ministérios o clima era de festa. Um imenso comércio foi improvisado no vasto gramado. Vendia-se de tudo. De pastel a medalhas com a imagem de Tancredo Neves. Mas nem todos estavam contentes. Era o caso de Maria Aparecida. Às 7 horas, montou a sua carrocinha de cachorros-quentes. Três horas depois, no rigor do sol, contabilizou apenas oito unidades vendidas. Ao meio-dia, olhou desolada o movimento do caixa e não fez jus ao nome: desapareceu.

Os músicos da Orquestra de Brasília viveram um impasse. Convocados para um concerto ao ar livre, coroando o clima festivo, encontravam-se encurralados pelas condições meteorológicas. Um deles explicava: "Se continuar esse sol, os instrumentos desafinam. Se chover, a umidade destrói o equipamento." O concerto acabou saindo com sol e a desafinação não foi notada. No tumulto que se formou, ninguém seria capaz de distinguir o acorde de um violino da batida de um tambor.

Na entrada do Congresso Nacional, Guarda de Honra e tapete vermelho. O presidente da República chegou visivelmente tenso. Era conhecido o temor de ser vaiado. Para surpresa, recebeu aplausos. As vaias sobraram para o ministro da Fazenda, Dilson Funaro, meses antes aclamado como herói nacional, o salvador da economia doméstica. Como o seu plano – o Plano Cruzado – ruiu, o prestígio também foi para o brejo.

Ulysses Silveira Guimarães já era o presidente da Câmara dos Deputados e o substituto do presidente da República, que não tinha vice. Era, também, o presidente do PMDB e não abriu mão de ser; ainda, o presidente da Assembleia Nacional Constituinte. "Isso porque dizem que ele está velho, doente e desmemoriado", comentou um parlamentar. Quando sugeriram a Ulysses que renunciasse pelo menos à presidência do partido, ele disse: "Neste país não se renuncia a nada. O único que renunciou foi Jânio Quadros e até hoje se arrepende".

Defesa da moradia própria

O primeiro problema a ser resolvido na Constituinte foi o da moradia. Moradia dos deputados. A Coordenação de Habitação da Câmara tinha o seguinte problema: possuía 432 apartamentos funcionais para dividir entre 487 parlamentares. *Possuía*, em termos. Desses imóveis, 55% estavam irregularmente ocupados por deputados que perderam o mandato e não se dignavam ao óbvio: devolver os apartamentos. A solução foi pagar um *incentivo* de valor equivalente a 55 salários mínimos para que os vigaristas deixassem o local. Gastou-se, à época, quase um milhão de dólares somente nesse item.

Farsa, fumo e baratas

Os primeiros dias de trabalho foram de conversa e conversa. O desencanto começou a atordoar até mesmo os constituintes. O deputado Wladimir Palmeira, do PT carioca, chegou a dizer: "Que desorganização! Estou aqui há dias sem fazer nada, sem votar nada, assistindo a uma discussão interminável para nada". Luiz Inácio Lula da Silva, também deputado, andava desapontado: "Em 15 anos presidindo assembleias com até 150 mil trabalhadores, nunca vi uma zona como essa. Uma loucura. Estão há cinco horas discutindo e não conseguem votar nada. Se colocarem 500 trabalhadores nesta sala, sai votação em cinco minutos".

Adroaldo Streck, jornalista conceituado, eleito pelo PDT do Rio Grande do Sul, era outro pessimista: "Meu faro jornalístico me faz sentir um cheiro de grande farsa rondando essa Assembleia, pelo jeito destinada a mudar tudo para não mudar nada".

Uma deputada pernambucana, por sua vez, trazia ao Plenário uma especial preocupação: não conseguia vaga nos aviões para deixar Brasília. Era caso, segundo ela, para a Constituinte resolver.

Outra deputada, eleita pelo Rio de Janeiro, estava envolvida em dividir o Plenário entre fumantes e não fumantes. Nessa proposta, conquistou logo o apoio do senador Lourival Baptista, que presidiu o Grupo Assessor de Combate ao Tabagismo do Ministério da Saúde. O senador, a propósito, era autor de projeto proibindo que se fumasse em Plenário. Só que o projeto nunca foi à votação, pois desapareceu três vezes.

O deputado mineiro José Elias Murad, médico, sugeria que fosse requerido ao Ministério do Trabalho um minucioso estudo sobre as condições ambientais da Constituinte. Era preciso, enfim, avaliar o grau de insalubridade do local onde deputados, senadores, jornalistas, seguranças e funcionários ficavam, em média, seis horas por dia. "Se for constatado, com aparelhos sofisticados, que o local está realmente poluído, vamos pedir a interdição do Plenário", sustentava o parlamentar.

Outro deputado mineiro, Hélio Costa, reclamou na tribuna da quantidade de baratas que encontrou no seu apartamento funcional e prometeu levar o caso à Organização Mundial da Saúde.

Sessão espírita

A Assembleia Nacional Constituinte tinha pela frente outro grande desafio. Não se tratava da mazela social nem de questões estruturais do Estado. Era a falta de quorum nas suas sessões. Não se conseguia quorum sequer para votar o Regimento Interno da Constituinte. No quarto dia após a instalação pomposa dos trabalhos, apenas 60 dos 559 membros marcaram presença. A corrupção do compromisso ético de trabalhar era evidente; manteve-se na Assembleia, que deveria reescrever o Estado libertando-o dos péssimos costumes, conservou o hábito de parlamentares usarem e abusarem de privilégios, contratarem assessores fantasmas, outros para prestação de serviços domésticos, além do proveito de passagens aéreas para desfrutarem de lugares paradisíacos com a família ou amantes enquanto deveriam estar ou em Plenário ou em gabinete a estudar os dilemas do Brasil. O fato levou o Jornal do Brasil a abrir manchete na edição de 5 de fevereiro de 1987: "Constituintes aderem a rotina do Congresso e deixam Plenário vazio".

No dia 27 de fevereiro, sexta-feira, 14h15, o presidente da Assembleia abre a sessão. O deputado Adylson Motta pede a palavra e afirma que não há no Plenário os 94 constituintes necessários à formação do quorum. "O livro acusa a presença de 170 constituintes", diz o presidente. "Mas aqui só tem 54", insiste Adylson Motta. "Então, está encerrada a sessão", rende-se Ulysses Guimarães. A sessão durou exatos três minutos.

Preocupado com a imagem passada à nação, Ulysses decide acelerar o ritmo e estabelece a realização de reuniões até nos fins de semana. No primeiro sábado do esforço concentrado, 370 parlamentares gazeteiam. Aparecem apenas 189. O jornal Correio Braziliense chegou a publicar uma lista de 80 parlamentares fantasmas. Gente que não comparecia ao prédio do Congresso Nacional nem para receber o pagamento, automaticamente creditado em conta particular no Banco do Brasil.

O malfadado hábito acompanhou a Constituinte até o fim. Um ano depois, em julho de 1988, a falta de quorum ainda era um tormento. Certo dia, o deputado Amaral Netto, ao observar que discursava apenas para o deputado Fernando Santana, que ocupava a presidência, disse: "Esta não é uma sessão da Constituinte, Senhor Presidente. Esta é uma sessão espírita".

Aqui há de se fazer o apontamento de uma prática corrupta que tem a cumplicidade de parcela de eleitores, sobretudo de pequenos municípios do país. O cidadão, lá nos confins do Ceará ou do Rio Grande do Sul, de Rondônia ou da Bahia, não se preocupa se o seu representante no Parlamento deixar de debater em Plenário um tema de relevância nacional ou não comparecer a uma sessão que decidiria os rumos da política econômica ou questões sociais de urgência. Isso é o de menor importância. O parlamentar jamais será perdoado, no entanto, se faltar a uma festa de casamento, aniversário ou festejo popular na região. Então se estabelece esse conluio, que torna membros do Congresso Nacional reféns de uma relação de compadrio. Há deputados federais que não têm a menor ideia dos temas em pauta; são incapazes de avaliar o que está em debate, porque o tempo é consumido na encenação dos abraços em fartura, sorrisos abertos, presença nos folguedos regionais e encontros de lenga-lenga para manter na ilusão os cabos eleitorais. O resultado de um mandato nesses moldes seria igual a zero, não deixasse no rastro o custo da inutilidade para a nação.

Decorridos seis meses da instalação e apesar dos faltosos, os trabalhos deslancharam. Pelo menos, na aparência e na gastança. Os papéis que passavam pela gráfica do Senado representavam uma despesa fantástica. O volume era tão impressionante que despertava a imaginação. Se o material fosse colocado um ao lado do outro daria para cobrir 2.117 quilômetros. Empilhados, chegariam à altura de um prédio de 374 andares. Dois milhões de dólares foram consumidos apenas no serviço gráfico, nesse período de 180 dias.

O Centro de Processamento de Dados - Prodasen, por sua vez, precisou aumentar a sua capacidade, adquirindo novo computador IBM ao preço de um milhão e 800 mil dólares. Discos magnéticos importados foram alugados por 800 mil dólares. A gráfica e o Prodasen, com cerca de dois mil funcionários, gastaram nesses seis meses, somente em horas extras, o equivalente ao salário de dez mil trabalhadores da construção civil. Mas os gastos não paravam por aí. O painel eletrônico que registrava as votações consumiu meio milhão de dólares em reformas. Mais meio milhão de dólares saiu do Tesouro para pagar a importação de duas novas impressoras *off-set*.

Nem o gasto de café escapou ao cálculo. No primeiro semestre, foram consumidas quatro milhões e 200 mil xícaras, numa média de três toneladas do pó por mês. Nos 500 banheiros da Câmara e do Senado eram utilizados mensalmente 640 mil metros de papel higiênico, dois mil rolos de toalhas de papel e dois mil litros de sabonete líquido. Só no Anexo IV, onde se concentrava a maior parte dos gabinetes de deputados, o gasto mensal com papel higiênico foi acrescido em 288 mil metros. A cada dia, trabalhadores na limpeza retiravam 18 mil sacos de lixo de 100 litros cada. E usavam a cada mês 3.200 litros de detergente e 1.500 litros de desinfetante para manter os sanitários em condições básicas de higiene. A demanda era menos dos encarregados de escrever a Constituição e mais dos lobistas que tomaram conta dos espaços do Congresso Nacional atrás de vantagens que nem sempre coincidiam com os interesses nacionais; populares, esperançosos em verem assegurados direitos pontuais, igualmente tomavam conta de cada metro quadrado dos corredores e salões. Em seis meses, sem nada de produção efetiva, a conta geral já estava em 64 milhões de dólares. E ainda viriam outros 14 meses. "Se a Alemanha tivesse que sustentar isso, teria quebrado", disse um parlamentar alemão em visita ao Brasil.

Toneladas de papel e de café. Desse espetacular consumo resulta o anteprojeto da nova Constituição. O relator, deputado Bernardo Cabral, correu os olhos e disse: "É inaproveitável". Os constituintes conseguiram montar uma colcha de retalhos de dispositivos repetidos e conflitantes, buscando, em essência, agradar aos eleitores, criando uma sociedade utópica que nenhum país do mundo logrou atingir. O senador Afonso Arinos, então com 81 anos de idade, do alto do seu saber jurídico, disse que "só Deus salva esta Carta." O então ministro da Justiça, Paulo Brossard, definiu o processo como "fantasias, desordem mental, realismo exacerbado, ausência de uma reflexão mínima, total ausência de critérios, de seriedade".

Corrupção da lógica

O art. 3º, por exemplo, enunciava: *"O Estado é o instrumento e a mediação da soberania do povo"*. A frase era bonita, mas não faria nenhuma falta se fosse retirada do texto. O Estado continuaria sendo o mesmo e o povo também.

O inciso IV do art. 6º era um primor. *Explicava* o objetivo do Estado: "Favorecer o sentido social da liberdade, a fim de que todos disponham de tantas liberdades quanto o que mais dispõe de liberdades entre todos, critério em que legitima a intervenção equalizadora do Estado para alinhar a sociedade na direção de uma democracia de liberdades igualadas". Consegue-se entender?

O art. 9º era um atestado de ingenuidade ao dizer que o Brasil "não permitirá que conflitos internacionais em que não é parte atinjam seu território". Se esse dispositivo estivesse em vigor na Segunda Guerra Mundial, o torpedeamento de navios brasileiros por submarinos alemães seria classificado como *inconstitucional*. O que, todavia, não teria impedido que as embarcações tupiniquins fossem afundadas pelo armamento de Hitler.

Não menos risível foi a emenda proposta por um deputado, preocupado com o texto que garantia "que homem e mulher são iguais em direitos e obrigações". Emendou de pronto: "com exceção das (obrigações) que têm a sua origem na gestação, no parto e no aleitamento".

Uma deputada, em relação à qual o próprio pai depositou dúvida sobre a sanidade mental, queria que a nova Constituição outorgasse a seguinte garantia: "Nenhum louco poderá ser internado sem o seu prévio consentimento".

O art. 13, "b", do projeto ordenava que o Estado sustentasse o cidadão. A alínea "c" ordenava que a União concentrasse recursos para esse fim. E a alínea "d", desconfiada de que poderia faltar dinheiro, insistia que o Tesouro deveria reservar recursos para extinguir a pobreza absoluta.

Nessa fase, uma senhora, trabalhadora no serviço de limpeza da Câmara dos Deputados, *Dona* Lina, foi vista chorando pelos cantos. Abordada, com preocupação, explicou: "Estou emocionada, seu doutor. É que a Constituinte votou nessa noite o fim das filas no INPS e agora eu vou poder levar os meus filhos para consultar." E diante ao espanto do interlocutor, concluiu: "Parece que amanhã vão votar o fim da pobreza." E votaram de verdade. E ficou no texto da atual Constituição. A miséria, que hoje se arrasta pelas ruas do país, é, portanto, uma afronta à *Constituição Cidadã*.

Índios, idosos e ruralistas

O lobby foi impressionante, vindo de todos os lados. Funcionários públicos, prefeitos, vereadores, ruralistas, sem terra, sem teto, deficientes físicos, estudantes, índios, ecologistas, casais homoafetivos, todos tinham algo a reivindicar. Até a Confederação Nacional dos Bispos montou um grupo de pressão, que ficou conhecido como o *lobby santo*. Os empresários também, com muito uísque e muito dinheiro para comprar consciências. Para sustentarem as suas ideias valia de tudo. Certo dia, cansado, o presidente Ulysses

Guimarães desabafou ao senador Jarbas Passarinho: "Não aguento mais. Eles chegam a entrar no banheiro com a gente".

Certa ocasião, os aposentados deslocaram-se em caravanas para Brasília. Em frente ao Congresso Nacional, encontraram índios que também faziam o seu *lobby*. Em um gesto de relações públicas, os velhinhos estenderam uma faixa, com os dizeres: "OS APOSENTADOS APOIAM OS ÍNDIOS DO BRASIL". Os índios arrumaram uma cartolina e retribuíram: "ÍNDIO APÓIA VÉIO".

O mais eficiente movimento de pressão era o dos proprietários rurais, comandados à época pela poderosa União Democrática Ruralista (UDR). Na votação decisiva sobre Reforma Agrária, 700 apartamentos de hotéis foram ocupados pelos líderes do agronegócio. No Parque da Cidade foi instalado o restante do contingente. Um caminhão frigorífico servia oito mil quilos de carne. Outro caminhão, com legumes e verduras, garantia a boa comida. Na outra ponta estavam os trabalhadores rurais, reunidos pela Confederação Nacional dos Trabalhadores na Agricultura (CONTAG). Espalhados pelos gramados de Brasília, dormindo no chão e alimentando-se de bananas, investiam no processo aos gritos de "Reforma Agrária Já".

Para o dia mais importante foram distribuídas senhas a cada lado. Pois o pessoal da UDR não vacilou. "Duas meninas nossas vestiram uma roupinha comum e conseguiram as senhas com as lideranças do PT e do PCB", contava um ruralista, às gargalhadas. No Plenário, só deu eles. "A classe produtora rural foi vitoriosa em todas as suas proposições na Constituinte", diria, depois, o líder do movimento, deputado Ronaldo Caiado.

A Constituinte, na verdade, foi dominada por grupos. Era o *Grupo dos 32*, era o *Grupo dos Moderados*, era o *Centrão*, era o *Grupo do Consenso*. Fora desses grupos, nenhuma proposta vingava. No *Centrão*, o mais forte, estavam os ruralistas, os empresários, os conservadores. A ordem era mudar tudo o que estava sendo mudado. Para se ter uma ideia, das 1.844 Emendas apresentadas na votação em segundo turno, 1.530 tinham por objetivo suprimir dispositivos inseridos no projeto. Assim, todas as *vitórias* dos progressistas foram roídas pela rataria do *Centrão*. Esse grupo se tornou uma força política desde a Constituinte, agregando indivíduos do chamado baixo clero, sem expressão intelectual ou cívica; seus membros participaram de todos os governos, de direita, de centro e de esquerda, negociando cargos, votando a favor do governo de plantão se houvesse vantagem e tramando contra nas vezes em que se sentia desprestigiado. Nesse cenário um deputado evangélico recebeu um terreno para construir um monumento à Bíblia. E justificou: "É honroso e bem aplicado trocar o meu voto por benefícios para a comunidade".Até a finalização deste livro, o *Centrão* decide o futuro do país, geralmente à margem da dignidade do povo e do progresso nacional.

A Constituição aprovada

A nova Constituição do Brasil foi aprovada às 2h07 de 2 de setembro de 1988, para ser promulgada no dia 8 de outubro. Na madrugada festiva da aprovação, Ulysses Guimarães discursou emocionado: "Nós vamos, a Constituição fica. Fica para ficar, pois com ela ficará a democracia, a liberdade, a Pátria como uma casa de todos, com todos e para todos".

O líder do PFL, José Lourenço, atribuiu o *êxito da Constituinte* ao Presidente Sarney, que a convocou, e ao deputado Ulysses Guimarães, que a conduziu. Já um parlamentar religioso achou que Jesus Cristo é quem deveria ser lembrado. "Viva Jesus Cristo", gritou, ao microfone. "Amém", respondeu Ulysses.

A comemoração se estendeu para uma mansão à beira do Lago Paranoá. 300 parlamentares, assessores e jornalistas brincavam e dançavam ao som de valsas, *rock* e lambadas. "Tem muita animação e pouco uísque", era a única reclamação. O deputado Brandão Monteiro, que organizou a festa, culpava a presença de 90 penetras. E dizia: "Eu não sou dono do boteco para buscar uísque a essa hora". Ali perto, na então favela do Paranoá, a miséria dormia indiferente.

15

ELEIÇÕES DIRETAS E FARSA DEMOCRÁTICA

O Brasil surgiu ao símbolo de uma cruz fincada no litoral da Bahia e no final da década de 1980 já contava com praticamente meio milênio de história. É um tempo razoável para experimentações; foi colônia, império e havia mais de um século fingia ser república. Teve guerra com o Paraguai, enfrentou revoluções intestinas, coparticipou do desfecho da Segunda Guerra Mundial e passou por vários golpes de Estado e diversos textos constitucionais. Isso corresponde a um ciclo de tempo maior do que aquele que outros países também percorreram para conquistar a independência, viver epidemias, sofrer com guerras e chegar ao *ranking* das grandes nações civilizadas e prósperas. Portanto, depois de uma nova Constituição, produzida no caldeirão das utopias e dos interesses privados, esperava-se o início de um novo ciclo com eleições para a Presidência da República pautadas pela lisura, com a ascensão ao poder de mulheres e homens de valor cívico, de competência para a boa gestão e longe dos vícios das décadas anteriores: populismo, manipulações, assombros com inimigos invisíveis e honestidade acima de tudo. Era o momento de a antiga Terra de Vera Cruz entrar para a confraria dos povos desenvolvidos; de ter os seus cidadãos educados, saudáveis, concientes dos valores éticos; de garantir a segurança nas relações jurídicas e dispor de uma safra de pessoas públicas que dignificassem os cargos a serem ocupados.

Todavia, não foi o que se viu. Aberto o processo sucessório, que daria legitimidade ao novo governante, foram trazidos da lixeira dos experimentos o pior da demagogia e da ludibriação.

A bandeira de combate à corrupção, que Lacerda descobriu como ativo político, que levou Jánio ao poder, que foi usada como um dos pretextos para o golpe de 1964, estava de volta na voz de um demagogo que se apresentava ao país maquiado como o símbolo da moralidade e da renovação: Fernando Afonso Collor de Melo. O candidato que seria vitorioso lançou mão do manual dos aloprados que ascendem ao poder com essa tática que combina promessa de moralização no serviço público, plantação de inimigos imaginários para destrair atenções sobre os próprios defeitos, associação com interesses privados para campanha milionária, e o *marketing* levado ao extremo, para sequestrar cérebros e dominar uma massa de inconscientes.

É fundamental que se tenha como ponto nuclear o reconhecimento da corrupção com a dimensão que ela possui, de crime contra a humanidade; e que se trate a democracia, na outra ponta, como um princípio universal de direito. Corruptela e democracia não convivem. É impossível existir um espaço democrático com as instituições corroídas por organizações criminosas. O mundo enfrenta essa lástima. Por trás de questões territoriais, de questões religiosas, de questões étnicas, de questões supostamente ideológicas estão infalivelmente o assalto ao patrimônio dos povos e a falência múltipla dos órgãos nacionais. A fórmula é conhecida. Os corruptos de alto escalão para operarem os seus crimes derrubam os dois pilares da democracia: subvertem ou manipulam a vontade do povo e sequestram as instituições do Estado.

Collor abriu o que seria o novo Estado brasileiro seguindo essa cartilha dos retardados morais. A imagem do moço altivo, de bons propósitos, logo deu lugar a um dilúvio de denúncias. Não vieram dos órgãos de controle formal, emergiram da imprensa e, pela repercussão, levaram as instituições à tomada de posição. O resultado foi o doloroso processo de *impe-cheament*. Logo surge o caso dos Anões do Orçamento, um grande esquema de corrupção que envolveu parlamentares, pessoas do Executivo e empresas privadas. As fraudes foram investigadas por uma Comissão Parlamentar de Inquérito nos anos de 1993 e 1994. Somente o jornal Folha de S. Paulo publicou 600 matérias sobre os fatos. Em síntese, deputados manipulavam emendas do Orçamento Geral da União para desviar recursos públicos por meio de organizações sociais de fachada e empreiteiras[48]. A desfaçatez era tamanha que um dos principais protagonistas, o deputado João Alves, adotou a prática de lavar dinheiro com "bilhetes premiados" na loteria. Com tamanha sorte, ele teria recebido 200 vezes o prêmio.

Nenhum presidente eleito desde então passou incólume por episódios de corrupção política e/ou corrupção financeira. Todos os mandatários vivenciaram episódios de repercussão nacional; embora a maioria não os vinculasse diretamente:

- Fórum Trabalhista de São Paulo – a cumplicidade entre o juiz Nicolau dos Santos Neto e o deputado Luiz Estevão, de Brasília, grande empresário de obras públicas, foi na época apontado como o oitavo maior esquema de corrupção no país. Os fatos começaram com uma licitação fraudulenta em 1992 e se chegou em 1998 à conclusão de que apesar de 98% da verba ter sido liberada, apenas 64% das obras estariam prontas. "Dos R$ 232,5 milhões destinados à construção, R$ 169,5 milhões foram desviados"[49].

- O Instituto Nacional do Seguro Social (INSS) e o caso Jeorgina – uma procuradora da autarquia comandou um esquema de desvio de recursos por meio de supostas indenizações concedidas de forma fraudulenta. Investigação interna do INSS descobriu que um motorista de empilhadeira havia recebido, sozinho, uma bolada que hoje seria de 90 milhões de dólares. Estimava-se que o valor desviado pela quadrilha representasse à metade de toda a arrecaçao do Instituto.

- O favorecimento do Banco Marka – O banqueiro Salvatore Cacciola, vendo-se em aperto com a variação do dólar, com risco de um prejuízo bilionário para a sua instituição, correu a pedir ajuda ao Banco Central (BC), onde foi atendido prontamente por meio de uma operação que teria causado um rombo ao Tesouro de mais de quase quatro bilhões de reais em valores atualizados. Comissão Parlamentar de Inquérito de 1999 apurou que Cacciola tinha informações privilegiadas do BC, o que provocou a demissão de diretores e condenação penal em primeira instância do presidente Francisco Lopes a dez anos de prisão pela 6ª Vara Federal Criminal do Rio de Janeiro.

- Vampiros no Ministério da Saúde – Conchavos entre empresas, altos funcionários e deputados federais desviaram recursos públicos durante toda a década de 1990. A verba da saúde dos brasileiros, em cifras aproximadas nos dias atuais, foi de mais de quatro bilhões de reais usando esquema de faturas falsas e licitações fraudulentas na aquisição de hemoderivados. Nenhuma pessoa com mandato parlamentar esteve entre os 17 presos. Paralelamente corria solta a Máfia dos Sanguessugas, que operava na venda de ambulâncias superfaturadas para prefeituras e órgãos públicos. De 67 deputados federais e três senadores cujos nomes foram vinculados à trama, nenhum foi preso. Investigações apontaram que eles direcionavam os valores de suas emendas para as prefeituras fazerem as compras com cartas marcadas. Os salafrários recebiam 10% de comissão. As condenações na Justiça Federal ficaram para empresários, prefeitos e um ex-deputado federal.

Itamar, o franco

O mineiro nascido em um navio na costa da Bahia, Itamar Franco, assumiu a Presidência da República como desdobramento do *impeachment* de Fernando Collor de Mello. Completou o restante do mandato, de dezembro de 1992 a 1º de janeiro de 1995. Quando entrou na chapa em 1989 não havia nenhuma afinidade ideológica, senão estratégia eleitoral. O aventureiro governador de Alagoas precisava dos votos de Minas Gerais e essa aliança se tornou uma necessidade.

Itamar marcou positivamente a sua passagem com a estabilização da economia e o controle da inflação, mediante o Plano Real. Depois de três tentativas com Gustavo Krause, Paulo Haddad e Eliseu Resende, nomeou seu ministro da Fazenda Fernando Henrique Cardoso, que viria a se valer do sucesso da fórmula para ser eleito em primeiro turno com 54% dos votos na eleição seguinte.

Seus escorregões ficaram mais no plano na intimidade, como ser flagrado por fotógrafos em um desfile de escola de samba no Carnaval carioca abraçado à modelo Lilian Ramos, que estava sem calcinha.

Fusca, privatizações e plebiscito

Entre os namoriscos da época, o presidente engatou um relacionamento com uma jovem funcionária pública que possuía um Fusca. Saudosista, o presidente resolveu em agosto de 1993 reinaugurar a linha de montagem do Fusca na fábrica de Anchieta, da Volkswagen. Na cerimônia, houve desfile em um veículo conversível. O modelito ressuscitado viveu por mais três anos. Servia, no entanto, para afirmar a imagem populista de um presidente que passeava pelas ruas de Brasília sem ostentação e aguardava pacientemente em uma fila de cinema, saboreando pipoca ao lado da namorada.

Debita-se ao governo Itamar o excesso de privatizações, mas deixou o governo no auge da popularidade. Nessa época se perdeu a chance de levar a sério o parlamentarismo no Brasil, implantado com cautela, em um ambiente sem turbulência. Em abril de 1993, seguindo o que ordenava a Constituição, o governo realizou plebiscito, mas sem imparcialidade. Itamar era parlamentarista, mas aqueles que pretendiam seguir na roedura na nação corroeram o debate, zombaram da monarquia e desestimularam com distorções o parlamentarismo que dá estabilidade às principais democracias do mundo. A abstenção foi alta, a população não entendeu a relevância da causa e assim foi mantido o presidencialismo republicano com 55% dos votos válidos.

Dessa forma, seguiu a mesma concentração do poder nas mãos do presidente da República, que é ao mesmo tempo Chefe de Estado e Chefe de Governo. Pode-se dizer que é um monarca absoluto com prazo de validade. Tem enorme influência em todas as instituições e praticamente as leis aprovadas no Parlamento são aquelas encaminhadas pelo Executivo ou que têm o apoio dele. Um deputado ou senador pode ficar, por vezes, duas décadas no Congresso Nacional sem aprovar uma lei da sua iniciativa; além disso, os parlamentares não se acham responsáveis pelas políticas governamentais: se vão bem, tiram vantagem eleitoral; se vão mal, pulam para a oposição com o mesmo propósito.

Nenhum presidente teve, como Itamar, as condições ideais para que o assunto fosse tratado com a responsabilidade que merecia, com os olhos na afirmação do país como uma democracia respeitável. Mas as reações oscilavam dos vulgares argumentos às teorias conspiratórias. Leonel Brizola, que integrava a frente presidencialista, defendeu que o plebiscito não passava de uma manobra das elites: "O que querem essencialmente é evitar, é impedir as eleições de 1994", bradava com exagero.

Fernando Henrique Cardoso

Conhecido pela sigla FHC, Fernando Henrique Cardoso se elegeu na onda da estabilização econômica, associada à imagem de intelectual, com bom trânsito nos circuitos internacionais. Foi presidente de 1° de janeiro de 1995 a 1° de janeiro de 2003, quando cumpriu o feito de ínfima inflação no seu período: de 22,41%

para 12,53%. Os indicadores sociais, no entanto, não eram positivos. Nos dois mandatos, a distribuição de renda no Brasil continuou desigual: a renda dos 20% da população rica continuou cerca de 30 vezes maior que a dos 20% da população mais pobre.

Foi um período de privatizações de várias estatais brasileiras que passaram para grupos estrangeiros. Na lista de saída dos quadros do Estado estavam empresas dos setores de mineração, siderurugia e telecomunicações. Sem ser consenso, mas com forte indicadores de probabilidade, a publicação digital Carta Maior sinaliza que "o país teve um prejuízo de pelo menos R$ 2,4 bilhões com as privatizações do patrimônio público dado a preço de banana a grandes corporações privadas, durante o governo FHC". Classifica a matéria com a seguinte chamada: "Maior escândalo de corrupção da História do Brasil foi a privataria tucana"[50].

O jornalista Aloysio Biondi escreveu no livro "O Brasil privatizado"[51]:

> Sem sombra de dúvida, os meios de comunicação, com seu apoio incondicional às privatizações, foram um aliado poderoso. Houve a campanha de desmoralização das estatais e a ladainha do 'esgotamento dos recursos do Estado'.

Comparando-se com escândalos subsequentes, Mensalão e Petrolão, o rombo aos cofres públicos foi muito maior, aponta o autor. Amaury Ribeiro Júnior, que foi repórter especial da Revista Isto É, escreveu "Pirataria Tucana", resultado de 12 anos de investigações lastreadas em documentos. Entraram no balaio amigos, parentes e companheiros de partido do ex-presidente. Propinas, lavagem de dinheiro e até mistura com o narcotráfico fomentaram o noticiário. Nomes expressivos de políticos foram expostos com fatos e evidências. À altura, o jornalista Paulo Henrique Amorim (com o desconto de ser opositor a FHC, sustentou que o conteúdo das revelações deveriam levar para a prisão altas personalidades, a exemplo de outros ex-presidentes latino-americanos que também comandaram privatizações fraudulentas em seus países, como Alberto Fujimori, no Peru, Carlos Salinas, no México, e Gonzalo Sanches de Lozada, na Bolívia. O partido do então presidente, PSDB, ameaçou processar os autores das denúncias; uma tentativa de Comissão Parlamentar de Inquérito chegou a ser feita; os fatos ficaram para a análise da história.

O também jornalista Palmério Doria, autor do *best-seller* "Honoráveis Bandidos", que descreve o poder da família Sarney, aborda as contradições do lustre cultural de FHC com outras manchas de sua biografia.

"O Príncipe da Privataria – A história secreta de como o Brasil perdeu seu patrimônio e Fernando Henrique Cardoso ganhou sua reeleição" foi lançado pela Geração Editorial. Nessa produção, o autor trata, entre outos pontos, da matéria mais sensível sob a ótica da corrupção política: a compra da emenda da reeleição. A obra apresenta como se deu a negociação com deputados para garantir a aprovação de mais um mandato. "Comprou o mandato: 150 deputados, uma montanha de dinheiro pra fazer a reeleição", contou o senador gaúcho, Pedro Simon[52].

Vieram à luz, ainda, as confissões de um misterioro "Senhor X", um ex-deputado federal que gravou em um minúsculo aparelho as informações dos colegas que serviram de base para as reportagens do jornalista Fernando Rodrigues publicadas na Folha de S. Paulo em maio de 1997. Era a série denominada "Mercado do Voto" que apontou a metodologia para, pela corrupção de parlamentares, lograr a mudança na Constituição da República. Deputados admitiam de viva voz recebimento médio de R$ 200 mil pelo voto e os fatos nunca tiveram a merecida apuração.

Independentemente das histórias de aproveitamento de cargos para vantagens ilícitas, houve um grande estrago para a estabilidade do país. Além da corrupção ética, de ter mudado a Constituição a seu próprio benefício, e a corrupção de terceiros para alcançar o malgrado objetivo, abriu-se um espaço lastimável na política brasileira, já recheada de aproveitadores de práticas podres e de falhas nas instituições de controles. A partir de então, prefeito, governador e presidente já se elegem com os olhos na eleição seguinte; fazem do mandato a vitrine, com superexposição em desfavor da isonomia das demais candidaturas; uso de verba pública, distribuição de favores, negociações espúrias e captação irregular de verbas pelo Caixa 2 para capitalizar campanhas por baixo do pano só parece não serem vistas pelo autointitulado Tribunal da Democracia, o Superior Tribunal Eleitoral.

Luiz Inácio Lula da Silva

Como o livro trata de um sistema de corrupção, de inverdades, de malandragens e artifícios para o alcance do poder, a passagem de Lula pela Presidência da República fica nesse contexto. O "Sapo Barbudo", assim apelidado por Leonel Brizola, é transformado no mago encantador de serpentes. Chegou o momento em que o artista é preparado profissionalmente para dominar víboras e plateias. O truque dos espertalhões que se expõem nas praças da Índia e do Marrocos consiste em colocar urina de rato na ponta da flauta. A naja é atraída pelo cheiro que exala do instrumento

em movimentação e não direciona o ataque ao flautis-
ta. Assim foi feito.

Das mocinhas com lenços do PT à cabeça às cobras
venenosas do poderio econômico se encantaram com
o novo estadista criado em estúdio de *marketing*. Bar-
ba de astro de cinema, cabelos compostos, roupas de
griffe, voz pausada, tom "paz e amor", aliança com a
direita conservadora de Minas Gerais e do empresa-
riado e uma campanha animada como um *rock and
roll*, colocaram nas ruas um novo perfil. O sabonete de
melhor fragrância; o paladino da ética; a simbologia
de que o pobre tem vez. Assim, na quarta tentativa, o
pernambucano que se orgulhava de ser analfabeto, assumiu a primeira magistratura nacional. Mas tenha-
-se em conta: a flauta mágica continha urina de rato.

Bem assistido no início, não levou adiante os arroubos e irreverências que prometia quando o seu grupo
era resumido a sindicalistas radicais e a hospedeiros
de ilusões. Cercou-se de equipe que manteve a estabilidade econômica, tentou meios de retomar o crescimento do país, com grandes obras públicas e levantou
internacionalmente a bandeira da redução da pobreza e da desigualdade social.

O projeto ia bem, até que os roedores entrassem na
cozinha palaciana, percorressem as sombras dos ga-

binetes ministeriais e começacem a dilapidar o patrimônio público. O grande embuste dos programas sociais estava no própósito. Em que pese a relevância da política de segurança alimentar e de assistência aos suficientes, o mérito cai quando o propósito é traçado em cima da infelicidade alheia para escorar projeto de poder. Em síntese, era preciso aprisionar pelo menos 40 milhões de eleitores na cintura de Lula da Silva, dependentes dos benefícios que, se fossem usados com proficiência, poderiam de fato ser um exemplo para um planeta de esfomeados.

O próprio Lula, em repetidas entrevistas ou conversas informais, sem nenhuma desfaçatez, confessa que para chamar a atenção de plateias internacionais mentia números e inventava fatos. Portou-se como um demagogo vulgar, linhas de expressão que a sua equipe de relações exteriores procurava amenizar com retoques na maquiagem.

Deixou-se cercar de ratos com voracidade. Não havia partido, não importava ideologia. Abriu as portas para que se chegassem todos os que podiam trazer ou buscar vantagens. Não é a toa que celebridades do seu compadrio figuraram nas mais escandalosas páginas policiais, incluindo governadores, ministros e diretores de empresas estatais e sociedades de economia mista.

É emblemático o discurso em comício em 15 de setembro de 2016 no Rio de Janeiro, depois de deixar a Presidência: "Eu de vez em quando falo que as pessoas achincalham muito a política, mas a profissão mais honesta é a do político, sabe por quê? Porque todo ano, por mais ladrão que ele seja, ele tem que ir pra rua encarar o povo e pedir voto. O concursado não. Se forma na universidade, faz um concurso e tá com um emprego garantido para o resto da vida". Como era esperado, não faltou quem sustentasse que a fala foi distorcida, mas precedentes não negam.

O esquema de compra de votos por FHC para obter a sua própria reeleição ganhou escola. O governador Eduardo Azeredo, de Minas Gerais, já havia experimentado o expediente e Lula permitiu que fosse sofisticado no seu próprio ambiente de rataria. O método consistia na negociação monetária para garantir a governabilidade, fato desmascarado a partir de 2004. Homens de confiança das ratazanas do Congresso Nacional ocupavam postos-chaves nas estruturas da administração para fraudar licitações, transferindo vultosas propinas para os cofres de partidos e bolsos de vigaristas. Outros recebiam mesadas, contribuições mensais a descoberto a título de fidelidade à organização criminosa.

Como a decência é uma percepção frágil e a desonestidade é diluída como fruto de denúncias "de quem não gosta de pobres", Lula foi reeleito. O Partido dos Trabalhadores era o mais rico, tinha cargos, tinha estrutura, tinha conchavos, tinha fanáticos e tinha um embusteiro que encantava serpetnes ao toque de flauta. Possuia tudo o que era necessário para o sucesso no ambiente da corrupção política.

No segundo mandato, já em janeiro de 2007, Luiz Inácio Lula da Silva anunciou um pacote chamado Plano de Aceleração do Crescimento (PAC), para atrair a atenção para um lado do seu governo que estava a descoberto. A propaganda era maior do que a realidade. A Argentina crescia a 8,5 % em média desde 2003, ano da chegada ao poder do presidente Kirchner. A Ásia era o espaço da prosperidade, especialmente com a China alcançando naquele ano taxas próximas a 10% de evolução. Mesmo na América latina, o Brasil estava colocado em penúltimo lugar, com um crescimento um pouco superior ao do Haiti. "É claro que os resultados de cada um destes países têm sua própria explicação, resultado de contextos específicos. No entanto, o fato de que o Brasil esteja tão distante da performance por eles apresentada deixa evidente que o governo havia deixado passar uma excelente oportunidade para fazer o país crescer, indica Paulo Kliass em publicação digital francesa.

O PAC dependia muito da aprovação de leis pelo Congresso Nacional, o que foi contornado por meio de Medidas Provisórias; outras soluções careciam de emendas à Constituição, com quorum qualificado de 60%. Ótimo ambiente para o aproveitamento dos ratos nas movimentações às escuras. O resultado foi pífio: um total de 4.669 obras que integravam o Programa de Aceleração do Crescimento estavam paralisadas em junho de 2018, de acordo com pesquisas encomendadas pela Câmara Brasileira da Indústria da Construção (Cbic) e pelo Serviço Nacional de Aprendizagem Industrial (Senai). Entre os principais projetos que não sairam da ilustração podem ser relacionados: 1.709 unidades básicas de saúde, 969 creches e pré-escolas, 646 obras de saneamento, 417 obras de urbanização de assentamentos precários, 373 quadras esportivas nas escolas, 132 obras de prevenção em áreas de risco e 130 obras de pavimentação.

Em apontamento do jornal O Estado de S. Paulo, reproduzido pelo Congresso em Foco em edição de 31 de janeiro de 2010[53], somente nas obras de dez aeroportos, incluídas no programa a Polícia Federal identificou superamento na ordem de R$ 1 bilhão. A Operação Caixa Preta revelou uma sequência de fraudes em licitações arquitetada pela cúpula da estatal, a Infraero, dirigida por um ex-deputado, ex-senador e ex-governador, com passagem singular pelas mais variadas vertentes partidárias: Arena, PMDB, PSDB e PT. Ou seja, esteve em todas as cozinhas do poder e, nos indicativos da época, foi operador do crime em nome da aceleração do crescimento do patrimônio pessoal de muitos roedores de Brasília.

As obras da Rodovia Norte-Sul foi utilizada para ganhos ilícitos por meio de sobrepreço, um fato que se arrasta desde o momento em que foi concebida nos anos 1980. No período do presidente populista, o Tribunal de Contas da União apontou que os valores estavam na sua maioria "acima dos referenciais de mercado". O governante, então, como é praxe entre os que escamoteiam a verdade e transferem a terceiros a irresponsabilidade própria, declarou que o PAC não decolava por culpa do controle da Corte de Contas[54].

Dilma Rousseft

Dilma Vana Rousseff foi a 36ª pessoa a ocupar a Presidência do Brasil. Elegeu-se dentro do viciado esquema de propaganda, com fartura de recursos advindos, em parte substancial, de propinas angariadas por meios heterodoxos pelo Partido dos Trabalhadores e a legião de rabudos que se associaram ao projeto de continuidade de poder. Estima-se que a eleição consumiu R$ 600 milhões, um valor substancialmente superior aos R$ 153 milhões declarados ao Tribunal Superior Eleitoral.

O ex-ministro dos governos Lula e Dilma, Antônio Pallocci, que foi delator de fraudes, em que pesem dúvidas sobre determinadas afirmações, pelo menos ratifica o que é da sabedoria mediana: "Ninguém dá dinheiro para as campanhas esperando relações triviais com o governo. (...) Grandes obras contratadas fora do período eleitoral faziam com que os empresários, no período das eleições, combinassem com os diretores que o compromisso político da obra firmada anteriormente seria quitada com doações oficiais acertadas com os tesoureiros dos partidos, coligações, etc."[55].

A candidata foi posta na vitrine como ministra de singular capacidade de gestão; a única pessoa do planeta a dar efetividade às obras de aceleração do crescimento. Foi maquiada, nos sentidos literal e figurativo, para ser apresentada à sociedade como uma mãe protetora dos pobres e uma referência para o desenvolvimento nacional. Trazia, ainda, a marca da ditadura, da mulher que sobreviu à tortura quando, na mocidade, atuou em operações que os governos militares classificavam como subversivas. Enfim, era uma montagem perfeita, que reunia passado de mártir, presente de eficiência e futuro de esperança – tudo posto no coquetel enfeitado do *marketing*, regado a fortunas, levaria ao resultado elementar.

Foram esquecidos os pecados do Mensalão, as maracutaias da gestão anterior receberam rótulo de perseguição política, as instituições, a começar pela Justiça Eleitoral, foram lenientes e, assim, a primeira mulher é eleita e começa a governar um país de expressão continental. Mantém o sistema figurativamente denominado presidencialismo de coalizão, um eufemismo para a compra de votos, a troca de favores e a entrega de fatias da administração do Estado aos piores roedores da pobre República.

Foi reeleita para o segundo mandato em uma das mais conturbadas eleições presidenciais. Ocorrera a morte em acidente de avião do adversário em crescimento Eduardo Campos, com grande comoção; e, de outra ponta, trazendo as lanças de um D. Quixote de Minas Gerais, chegava Aécio Neves prometendo com o PSDB derrubar os moinhos da corrupção e implantar a ética, transformando o esgoto da gestão pública em água cristalina da fonte. Ao fim, sobrou uma disputa entre o populismo e a farsa, se é que se pode estabelecer diferença entre ambos.

Nos seus mandatos, Dilma encheu o noticiário de rótulos. Programas com nomes pomposos eram lançados em solenidades palacianas, como se, no outro dia, a cara do Brasil fosse a felicidade de norte a sul. Programa Rede Cegonha, Plano Brasil Sem Miséria, Luz Para Todos, Minha Casa, Minha Vida, Brasil Sorridente e até um tal Brasil Carinhoso.

Em junho de 2013, o governo ainda alardeava o Programa de Aceleração do Crescimento, que chegou a ter 37 mil projetos em seu portfólio. Cinco anos depois, entre as dez maiores obras prometidas, seis não estavam em pé. A Usina Termonuclear Angra III entrou no cômputo dos casos de corrupção, incluindo no cálculo do Tribunal de Contas da União que estimava a existência de 721 processos com suspeitas de dano ao erário e prática de ato de gestão ilegal. Como a grande gerente do país a presidente não avançava em resultados. Veja-se a Refinaria Premium I - Maranhão: seria a maior obra do PAC II, orçada em R$ 41 bilhões, mas nada foi erguido de proveito. Em 2015, o TCU pediu responsabilização da presidente e demais conselheiros da Petrobras por prejuízo de quase R$ 3 bilhões no projeto, o que, evidentemente ficou também no papel, sem desfecho para um lado ou para o outro. E assim se sucederam insucessos[56]: Complexo Petroquímico do Rio de Janeiro; de volta a Ferrovia Norte-Sul (Tocantins-São Paulo); a Usina Hidrelétrica de Belo Monte, no Pará. Não houve um caso sem que escorresse pelas ladeiras a lama da corrupção no mínimo tacitamente admitida como "necessária" à governabilidade. Os ratos passeavam a olhos vistos, até porque muitos já traziam as marcas de peripécias precedentes.

A presidente precisou conviver, ainda, com o estourar do escândalo chamado Petrolão, uma artimanha de proporções bilionárias colocando ao chão as vísceras da principal estatal do Brasil, a Petrobras. Produto ainda do governo Lula, o esquema teria se estendido no período Dilma, com cobrança de propinas de empreiteiras, evasão de dívidas, superfaturamento e lavagem de dinheiro beneficiando partidos políticos, criminosos de colarinho branco, parlamentares e altos agentes do poder público, incluindo membros de instituições de controle. O processo era simplista: uma obra orçada em R$ 1 bilhão tinha como pagamento R$ 1 bilhão e 30 milhões para a empresa que ganhasse a licitação[57]; a diferença era rateada no clube da patifaria.

O final do governo da senhora Rousseff foi abreviado por um processo de *impeachment* que, não obstante o mérito ainda a ser examinado pela história, foi em si um ato de corrupção. É sabido que as crises, ocasionais ou provocadas (e havia ambas), são brechas por onde os ratos, de toda linhagem, penetram para abocanhar a sua parte de ração. A baixa popularidade da presidente, a proximidade de novas eleições presidenciais, ratazanas novas querendo entrar no convescote, ratos antigos a trocar de pelo, mais chantagens por parlamentares despossuídos de escrúpulos formaram o redemoinho que tirou Dilma do poder. Mas até no final houve uma ruptura: condenada pelos senadores, após a admissibilidade da Câmara, o julgamento lhe manteve os direitos políticos, uma operação jurídica de conformidade com o compadrio da benevolência. Era a lei fazendo as curvas do vento.

Michel Temer

O vice-presidente Michel Miguel Elias Temer Lulia assumiu o restante do mandato de Dilma e deixou o governo como alvo de dez investigações. Bem articulado, elegante, gestos afáveis, transitou por anos com a áurea de constitucionalista e de habilidoso nas manhas do poder, embora não fosse político de apelo popular. De servidor dos ofícios jurídicos do Estado de São Paulo entrou para a atividade partidária no início dos anos 1980 e emendou um cargo atrás do outro. Foi presidente da Câmara dos Deputados e presidente nacional do partido, o PMDB – o partido que teoricamente foi a resistência à ditadura e depois se aliou à ditadura da resistência. Explica-se: uma legenda que resistiu a todas as transições pelas quais o país passou desde que foi criado em 1966; tomou a bandeira da libertação do país das mãos dos militares e se uniu, na sequência, a todos os governantes que subiram a rampa do Palácio do Planalto, subtraindo cargos, negociando influências, vendendo favores e se emporcalhando cada vez mais na pior prática política que a ficção poderia conceber.

Em 2009, quando da primeira candidatura de Dilma Rousseff, havia três nomes para compor a chapa; o menos cotado era exatamente o de Temer. Lula e a sua afilhada tinham a visão de que ele, além de não agregar eleitores, era voraz em demasia quando reivindicava posições para o partido[58]; entretanto, como mantinha o controle total do fisiológico PMDB, o filho de libaneses se impôs no contexto.

Não é do roteiro deste livro a análise pontual de ações administrativas, senão aquelas que, de alguma forma, tenham relação com a desgraçada política infestada de ratos. Por isso, apenas de rabeira se registra que o governo, enquanto período histórico da administração nacional, se empenhou na aprovação da Reforma Trabalhista com o propósito de "flexibilizar" a Consolidação das Leis do Trabalho, legislação de 1943. Como todo presidente que quer uma Constituição para chamar de sua, Temer mudou a Carta Magna pela proposta de emenda nº 241, congelando por vinte anos os investimentos públicos para áreas essenciais como saúde e educação (setores para os quais constitucionalmente eram reservadas parcelas proporcionais ao Produto Interno Bruto). Relatório do Tribunal de Contas da União apontou na época que a emenda poderia paralisar a máquina pública em 2024[59]. Deixou o Planalto com índice de aprovação em 3%[60], o mais impopular dos presidentes da República desde a chamada redemocratização em 1985, com o terno de *griffe* amarfanhado por deslizes éticos e notícias de corrupção.

O messias

Afirma-se que em Nova York há dois milhões de ratos; em São Paulo, 160 milhões. Como foi feita a prognose contábil é algo que fica na especulação de cada um. O certo é que a biologia explica que a quantidade de ratos é indicador da qualidade de vida das pessoas: quanto mais ratos houver em uma região, pior os humanos vivem. Os ratos saem da podridão. Andam naturalmente por lugares alagados, percorrem esgotos com a serenidade de quem passeia no parque. Foi assim que apareceu das mais fétidas tubulações um conhecido roedor do erário chamado Jair Messias Bolsonaro, o resto do pouco que sobrou do nada na política brasileira. Com ele subiram, por bueiros e vasos sanitários, os piores exemplares de murídeos para serem acomodados em postos chaves do governo do Brasil.

Operador da demagogia barata, ignorante de tudo, negacionista do óbvio, malcriado, com perfil psicológico incompatível para ser admitido em concurso público para as mais singulares tarefas, conseguiu retirar das latrinas da nação os piores sentimentos; uniu uma multidão de crentes em teorias conspiratórias e, pela manipulação de redes sociais, se tornou um fenômeno que será estudado no tempo próprio da história.

O que resta neste espaço, além das reticências sobre os fatos supervenientes, é o registro da corrupção – ruptura – de compromisso das instituições com uma eleição legítima. Ministros do Superior Tribunal Eleitoral apregoavam para inocentes que uma eleição com base em *fake news* não seria tolerada; que a Corte seria rigorosa com os critérios de propaganda; que a democracia seria efetiva, como manifestação da vontade livre do povo. "Se ficar comprovado que notícias falsas beneficiaram um candidato a ponto de garantir sua vitória, as eleições do Brasil podem chegar ao extremo de ser anuladas", disse o então presidente do TSE ministro Luiz Fux, no fórum "Amarelas ao Vivo" realizado pela revista VEJA com o tema "Como as redes sociais e as *fake news* afetarão as eleições, o Brasil e você"[61].

A propaganda institucional da Justiça parecia um sopro de liberdade[62]:

TSE faz pacto de combate a 'fake news' com mídias sociais e associações de empresas de comunicação

O Tribunal Superior Eleitoral (TSE) firmou nesta quinta-feira (28) parcerias com as empresas de tecnologia e associações de empresas de comunicação para combate à disseminação de notícias falsas, as chamadas "fake news", que possam afetar a disputa eleitoral deste ano.

O presidente da Corte, Luiz Fux, assinou memorandos de entendimento com a Google e o Facebook, bem como com a Associação Brasileira de Emissoras de Rádio e Televisão (Abert), Associação de Jornais (ANJ) e Associação Nacional de Editores de Revista (Aner).

O texto do acordo com as mídias sociais leva em consideração "a necessidade de diminuir a possibilidade de replicação de práticas aptas a distorcer a liberdade do voto do eleitorado e a formação de escolhas conscientes por parte dos cidadãos".

A lorota continuava[63]:

> **TSE se reúne com empresas do Vale do Silício para debater fake news**
>
> Representantes do Facebook, Google, Twitter e WhatsApp estarão no Tribunal Superior Eleitoral nesta quarta-feira (31/1) para debater *fake news* e as eleições de 2018, junto com o Comitê Gestor da Internet (CGI. br) e o presidente da corte, ministro Gilmar Mendes. Todos os membros do TSE foram convidados.
>
> As empresas apresentarão ações que estão sendo implementadas para combater notícias falsas que são disseminadas nas redes sociais.

Não foi o que aconteceu. Era notório que desde 2017 os brasileiros conviviam com o emprego de perfis falsos e aproveitamento de robôs para impulsionar comentários e, desta forma, construir candidaturas exitosas aos olhos de milhões de eleitores. Esse cenário antecipou o ambiente eleitoral em no mínimo 18 meses, de maneira que na abertura oficial do certame o sistema já estava contaminado pela indústria da mentira.

A BBC Brasil registrou:

> **Exclusivo: investigação revela exército de perfis falsos usados para influenciar eleições no Brasil**
>
> São sete da manhã e um rapaz de 18 anos liga o computador em sua casa em Vitória, no Espírito Santo, e dá início à sua rotina de trabalho. Atualiza o *status* de um dos perfis que mantém no Facebook: "Alguém tem um filme para recomendar?", pergunta. Abre outro perfil na mesma rede. "Só queria dormir a tarde inteira", escreve. Um terceiro perfil: "Estou com muita fome". Ele intercala esses textos com outros em que apoia políticos brasileiros.
>
> Esses perfis não tinham sua foto ou nome verdadeiros, assim como os outros 17 que ele disse controlar no Facebook e no Twitter em troca de R$ 1,2 mil por mês. Eram, segundo afirma, perfis falsos com fotos roubadas, nomes e cotidianos inventados.

O Estadão, também como é conhecido um dos mais importantes jornais do Brasil, advertia em 2017 para o dano praticamente irreversível das notícias falsas produzidas, sobretudo, no ambiente de três candidaturas, dentre elas a do falacioso messias[64].

Fake news devem causar impacto em eleições de 2018

Preocupação com matérias enganosas cresce no País

Por Alessandra Monnerat, Matheus Riga e Pedro Ramos

Segundo levantamento do Grupo de Pesquisa em Políticas Públicas para o Acesso à Informação (Gpopai), da Universidade de São Paulo (USP), cerca de 12 milhões de pessoas compartilharam fake news no Brasil em junho deste ano. O levantamento, que monitorou 500 páginas digitais de conteúdo político falso ou distorcido, indica que tais notícias têm potencial para alcançar grande parte da população brasileira se considerada a média de 200 seguidores por usuário.

A influência das fake news sobre o voto no próximo ano é dada como certa para especialistas como a diretora da agência de checagem Lupa, Cristina Tardáguila. "Já existe notícia falsa hoje em dia em um cenário fora da campanha eleitoral. A probabilidade é

1.000% de notícias falsas permeando as campanhas de presidente e de governadores".

A prática de impulsionar comentários no Facebook é, deveras, escandalosa. Uma fotografia de um candidato manipulador, postada na rede supostamente por apoiadores reais, recebe milhares de acessos em minutos e chega a três milhões em 24 horas. Isso grita à percepção de bom senso, porque sem a serventia de robôs e da operação de milhares de perfis fictícios esse desempenho é tecnicamente impossível. Com a impulsão de *posts* e comentários, surgem milhares de inocentes úteis, impressionados pelo desempenho daquele ator; a partir de então, tem-se o clima adequado para a multiplicação geométrica de fanáticos. Com o emprego desse recurso até pessoas consideradas cultas tiveram alterado o papel central do cérebro na sua interação com o mundo e seriam capazes de eleger uma mula como miss Brasil ou recomendar qualquer narcotraficante para o Prêmio Nobel da Paz.

Em 2019, quando a sociedade irlandesa estava dividida sobre a questão do aborto, a respeitada revista *Psychological Science* publicou o resultado de estudo para avaliar o impacto da manipulação na vontade dos eleitores. A matéria foi resumida pelo Correio Braziliense[65]:

> Os cientistas recrutaram virtualmente 3.140 eleitores e perguntaram se e como plane-

javam votar. Em seguida, apresentaram a cada participante seis reportagens; duas traziam histórias inventadas, mostrando ativistas de ambos os lados da questão envolvidos em comportamentos ilegais.

Depois de ler cada história, o participante era questionado se já havia ouvido falar sobre o evento descrito e se tinha lembranças específicas sobre o assunto. Os pesquisadores, então, informavam que algumas das histórias haviam sido inventadas e convidavam o participante a identificar quais os relatórios eram falsos. Por último, o voluntário era submetido a um teste cognitivo.

Segundo os cientistas, quase metade dos entrevistados relatou uma memória para pelo menos um dos eventos inventados. Muitos deles recordaram detalhes extremamente ricos sobre as *fake news*. Os indivíduos a favor da legalização do aborto foram mais propensos a se lembrar de uma mentira relacionada aos oponentes do referendo e aqueles contra a legalização foram mais propensos a se lembrar de algo falso sobre os proponentes.

Muitos participantes se negaram a reconsiderar mesmo depois de saberem que algumas informações que acreditavam ser verdadeiras poderiam ser fictícias; Isso demonstra a facilidade com que podemos plantar essas memórias totalmente fabricadas.

Falsas estatísticas rodaram livremente nesse mundo virtual, sem que o Tribunal da Democracia levasse a cabo a sua promessa de desmobilização. No início de setembro de 2018 a rede de falácias do candidato Jair Bolsonaro apontava 68% de votos, indicando como fontes o instituto de pesquisas IBOPE, o conceituado jornal Estadão e a TV Globo (enquanto a divulgação oficial era menos de 1/3 do propalado)[66].

Assim, na base da mentira, foi produzida uma imagem de "mito". Historicamente poderia ser admitida, a se considerar que no contexto acadêmico a palavra significa qualquer narrativa sacra ou tradicional, seja verdadeira ou falsa. No caso, era enganosa, mas a propaganda de bueiro a apresentou como autêntica. Fez-se a lavagem cerebral aos moldes da ascensão do nazismo; eleitores incautos acreditaram em um estado de espírito reformador e heroico. Somente o uso de engenho de tal baixeza justifica a entrega de uma das maiores nações do mundo nas mãos de um parlamentar truculento, emocionalmente descontrolado, de péssimas companhias, que contava com 29 anos de mandato com pífia produção legislativa e nenhuma utilidade pública.

No âmbito do Partido dos Trabalhadores, sabia-se que era contumaz o emprego de inverdades. O fato é confessado pelo principal protagonista, Luiz Inácio Lula da Silva, existindo vídeos e informações correlatas nas redes sociais. Felippe Hermes, em 2016, já descrevia o perfil do ator[67]:

> Em um destes momentos, reunido com blogueiros pró-governo, em abril de 2014, Lula explica com certa clareza, como mentir e inventar estatísticas sobre os governos aos quais se opunha era parte natural do seu trabalho enquanto oposição. Sobre o próprio governo, porém, um olhar mais atento mostra que, se não chegou a mentir, Lula não teve em momento algum receio de contar meias-verdades ou apropriar-se de feitos não necessariamente seus.

Registre-se que a indecência pode vir de qualquer lado. O então candidato Geraldo Alckmin (PSDB), ainda governador do Estado de São Paulo, preparando a candidatura presidencial, valeu-se de recursos como o financiamento do *blog* reacionário Implicante para proliferar embustes e promover ataques. O fato era divulgado amplamente sem que uma investigação tivesse sido levada a termo para resguardar a moralidade e a lisura que se espera em uma eleição livre. O site, que era usado para atacar adversários e jornalistas, propalou ódio, preconceito e desinformação na Internet[68].

Para ajudar a enterrar a esperança de inteligência nas eleições, Lula fazia discursos de ódio, o que retro-alimentava a outra ponta: "Discurso de Lula na ABI assusta! O exército vermelho pronto para apunhalar o Estado Democrático de Direito"[69].

E foi nesse ambiente de desinteresse com a pátria, de falta de compaixão com os miseráveis, de economia de escrúpulos, que o Brasil foi mergulhado no caos da imoralidade. Mais uma vez foi perdida a oportunidade de tirar o país da lassidão política.

16

CORRUPÇÃO DEMOCRÁTICA

Com o histórico descrito, é compreensível que a imundície venha morro abaixo. Em governos estaduais e municipais, a podridão dá lugar a ratos esfomeados que também querem compartilhar a cozinha dos outros. Assembleias legislativas e câmaras de vereadores se aproximam como espaços para ladroagem nas respectivas escalas de valores. Isso é geral, o que é diferente de total. Pode-se generalizar como apodrecido o sistema eleitoral brasileiro, como lastimáveis as práticas públicas; não se pode, por outro meio, totalizar. Há nichos de reserva nos quais os brasileiros ainda podem enxergar penduricalhos de esperança, mas, antes, devem deixar o papel de adoradores de ratos.

Na Índia, o Karni Mata é um lugar frequentado por fiéis que veneram esses bichos. Diariamente na cidade de Deshnok centenas de pessoas vão ao templo para cultuar e alimentar com leite os roedores que perambulam aos milhares naquele ambiente. Segundo a crendice, as pessoas que morrem reencarnam na forma de rato e, por isso, merecem as devoções. O eleitor brasileiro, libertado em parte do clientelismo e alforreado do coronelismo na quase totalidade, optou por adorar roedores. Se tiver de escolher entre a imundície e a limpeza, escolhe a primeira desde que o demagogo coloque no lixo uma placa dizendo "LIMPO"; ou despreza a ética e prefere a bandidagem se o manipulador convencer – e convence – que é eticamente incorreto ser ético.

Os brasileiros foram vitimados por esse modelo. A quarta maior democracia do mundo – a se considerar o número de eleitores – é, ao mesmo tempo, uma farsa democrática como tantas nas Américas e tantas espalhadas na África, pela Ásia e, mesmo, por alguns espaços na esclarecida Europa. É diferente o que acontece na Suiça, na Suécia, na Dinamarca e na Finlândia, países nos quais a corrupção é imperceptível e a democracia é a base da organização estatal.

Francisco Louçã, que foi líder do Bloco de Esquerda no Parlamento português, em discurso na Assembleia da República em 2007 disse: "Estamos aqui a viver um fingimento". Essa afirmação tem enorme simbolismo, na medida em que tanto se fala em povo, voto e democracia quando, em realidade, tem-se unicamente uma legião de psicopatas institucionais a manipular essas palavras com singular impostura. É certo que as nações, na maior extensão territorial do globo, padecem de um fingimento imposto pelos corruptos.

Onde há eleições, finge-se oficialmente que o resultado espelha a vontade dos cidadãos quando, na verdade, estes são instrumentos utilizados sorrateiramente para legitimar um processo criminoso. O Brasil e considerável parte do mundo carecem de estadistas, de líderes que unam os seus povos, que fortaleçam o respectivo espírito nacional, que tenham a larga visão do equilíbrio social e da garantia de prosperidade e paz para as novas gerações.

Não é difícil perceber que a nação brasileira está dividida. O bordão do "nós" e "eles", por si só, é um desserviço à nacionalidade, posto que a pátria, na lição de Rui Barbosa, deve ser a família amplificada. A ação divisionista não é a etiqueta dos homens de Estado; é a mera repetição de métodos usados por patifes que desgraçadamente ocuparam palácios quando, por lógica, deveriam ser hóspedes dos cárceres da história.

Ocupando a obscena condição de quarto país mais corrupto do mundo, é de fácil verificação a desenvoltura dos bandoleiros dentro das instituições públicas. Os governos são de fraca moralidade; uma casa parlamentar, ao contrário de ser composta por bancadas, tem divisões por quadrilhas; o Poder Judiciário está desorientado pela falta de referência: dorme-se com uma ordem jurídica e se acorda com outra. Nota-se uma Justiça cooptada por cafajestes oficiais, uma vez que membros notórios das altas Cortes lhes abrem as portas para uma presteza jurisdicional que não estendem nem na forma nem no conteúdo aos demais cidadãos. As ações populares são vistas com reservas, tramitam demoradamente e, quando recebem visto na primeira instância caem na segunda; enquanto isso as objeções de malandros oficiais (expressão musical de Chico Buarque, lançada em 1978) recebem tratamento de divindades.

Se pudesse contar com eleições honestas, o país teria a oportunidade de uma faxina geral. Só um milagre, entretanto, poderá operar pela democracia como expressão da vontade do povo sem os componentes que a viciam, sem os atores que a degradam e sem o fingimento que acometem organizações internacionais, quando acobertam as fraudes por pressões de comércio ou conveniências de alinhamento.

A nação, cansada de assistir aos maiores escândalos de corrupção do planeta, praticados por doentes morais vinculados a diversos partidos, tirou a fórceps de um Parlamento titubeante a chamada Lei da Ficha Limpa, com tais espaços de manobra que não passa de um contorno visual. A *Constituição Cidadã* traçou como primados a probidade e a moralidade na administração pública; veio a Lei da Improbidade Administrativa, há códigos de ética por toda parte, inclusive para as chamadas "altas autoridades", e nada foi suficiente para encabular os bárbaros por natureza.

O país precisa fechar de vez esse ciclo e reconquistar credibilidade. A democracia brasileira é piada internacional. Da ONU à OEA, há crescentes preocupações com as eleições no Brasil, em relação às quais um Parlamento dominado por corruptos construiu regras que impedem aquilo que Resolução da Organização das Nações Unidas chama de "livre expressão da vontade do povo". Se a sociedade pudesse ser esclarecida pelo acesso equilibrado nos meios de comunicação, se novos nomes tivessem espaço para participar de um processo eleitoral decente, seguramente não voltariam ao Congresso Nacional e ao Palácio do Planalto pessoas que, no fundo, são empregadas de grandes corporações. Mas a legislação foi feita em medida para manter os mesmos e barrar os outros; ou para abrir as portas da facilidade àqueles que não têm no cérebro e no coração qualquer utilidade para o país.

16

AS FORMAS CLÁSSICAS DA CORRUPÇÃO

O Brasil ocupa 47% do território sul-americano. É praticamente a metade da América do Sul; e corresponde exatamente à parte continental mais favorecida pelas condições de topografia, clima, qualidade de solo, riquezas minerais, potencialidades turísticas e posição geográfica em relação aos principais centros do mundo. Dentro do espaço territorial brasileiro cabem toda a Europa ocidental e todos os países da América Central. Como se admitir, então, o quadro de miséria do qual é acometida a metade da população, tendo-se em conta aqui apenas os que vivem com o mínimo e os que se arrastam na pobreza extrema? Como explicar às inteligências esclarecidas que há disputas por terras para moradia ou plantio; que a produção mineral oficializada é inferior a 1% do PIB; que a exploração do turismo tem resultado irrisório; que a renda per capita, as condições sanitárias e as taxas de mortalidade infantil se equiparam a das mais miseráveis nações do mundo?

O país é privilegiado pelas forças da natureza, que não lhes devassam com terremotos, maremotos, ciclones e erupções vulcânicas. As catástrofes que vez e outra lhes desgraçam são, invariavelmente, resultantes da ação humana. De fato, a seca, a geada, as enchentes, a desertificação, a erosão, as queimadas e os deslizamentos de terras são consequências de omissões convenientes ou de ações deliberadas do poder público em favor de criminosos que agridem o ambiente sob a motivação do lucro; e são esses bandidos em associação com agentes do Estado que alimentam a política em todos os níveis com favores particulares em diversificas modalidades. Nessa conta podem-se creditar a desigualdade social e a precariedade de serviços públicos, vítimas do desvio de recursos de impostos; uma das mais altas cargas tributárias do mundo de alguma forma abastece os cofres do crime organizado, uma ação que entrelaça o coletivo de colarinho branco com prepostos dos três Poderes.

O atraso do Brasil nos indicadores internacionais que medem a qualidade de vida e o desenvolvimento nacional se deve à corrupção em diversos formatos.

A posição do país no *ranking* das grandes economias não corresponde à realidade interna, tanto no que se refere à satisfação mínima das necessidades das pessoas quanto ao desacelerado progresso. Apontam-se como sequelas o desprestígio das próprias tecnologias, a subserviência ao poderio de indústrias multinacionais, as deficiências de infraestrutura em áreas sensíveis, como energia, comunicações e transportes, e a falta de quase tudo em substancial parcela dos seus mais de 5.500 municípios.

A corrupção é uma prática perversa, cruel e sem piedade. Ela não se resume à conhecida e folclórica propina para servidores desregrados, em troca de pequenas facilidades; ela tomou o rumo de bem orquestradas organizações nas altas estruturas do poder. O desvio de recursos dá-se atualmente por sofisticados esquemas envolvendo o superfaturamento de obras e serviços, a venda de leis ou favores e a proteção de criminosos, o uso indevido de cartões corporativos, os cargos comissionados para apadrinhados políticos sem que a necessidade de trabalho os exija, a tolerância com funcionários fantasmas e o nepotismo cruzado. Mas a criatividade dos bandidos é ilimitada. O Brasil seria um país altamente desenvolvido se os corruptos usassem a genialidade para o bem, assim como a usam para imaginar e executar golpes nos cofres públicos.

O corrupto tem a seu favor o fato de praticar as ações sem a mesma visibilidade dos crimes comuns que os cidadãos presenciam nas ruas, nos locais públicos e que se manifestam de forma grotesca. As infrações praticadas por agentes pobres, menos favorecidos, têm maior percepção. Os poderosos, de colarinho branco, concentram-se em lugares fechados; fazem os acertos a quatro paredes, nos próprios lares ou em bem instalados escritórios e gabinetes e, nesses lugares, obviamente, não são notados. Pode-se dizer, portanto, que esses bandidos de elite são protegidos pelos seus próprios ambientes. Não estão sob a vigilância ostensiva da polícia nem à vista do povo.

Ou seja, há um problema de transparência. Gustavo Di Angellis da Silva Alves fez um estudo criminológico sobre a relação entre corrupção e a burocracia a partir da teoria da oportunidade, onde concluiu que esta última é um fator relevante a contribuir para o delito, pois ela cria obstáculos que prejudicam a fluidez e, principalmente, a transparência dos processos, sendo este um fator essencial no combater à corrupção. Em razão disso, defende que na adoção de medidas com foco no combate a esse crime sejam priorizadas aquelas de natureza preventiva: [70]

> *En términos legales, abundan en Brasil herra-mientas para hacer frente a la corrupción. Hay una verdadera guerra contra los delitos de alto escalón. Sin embargo, el país tiene una cultura muy concentrada a la adopción de medidas que son, en su mayoría, de carácter represivo. Ese modelo actual, que está lleno de instrumentos para castigar penalmente al criminal (e incluso políticamente a los agentes corruptos), tiene poco éxito para prevenir el problema (VIEIRA, 2014); no ha resuelto la cuestión de las pérdidas amar-gadas por el Estado y por la sociedad, tampoco se ha buscado las causas de ese delito.*

Dentro desse contexto, o autor sustenta que um modelo que prioriza as medidas repressivas não é o ideal já que não evita o dano e, como forma de contri-buir para o combate à corrupção, propõe a adoção de medidas que reduzam a burocracia, como, por exem-plo: *"cambiar, siempre que sea posible, la estructura orga-nizativa clásica (cascada) a modelos más horizontales, con menos niveles, menos burocracia, aumentando la transpa-rencia interna y permitiendo al personal mayor conocimien-to sobre los proyectos en curso, con una mayor integración entre los sectores".*

Formas, causas e efeitos da corrupção

a) Tipos/formas de corrupção

A se seguir o mapeamento dos fatos conhecidos pelos meios de controle, incluindo o social, pode-se didaticamente apresentar a seguinte classificação dos tipos de corrupção:[71]

- **Corrupção ativa** – marcada pelo ato de oferecer vantagens a alguém visando o próprio benefício.

- **Corrupção passiva** – aquela que tecnicamente diz respeito ao funcionário público ou ao colaborador no âmbito empresarial — que aceita receber vantagens para si ou para outros indivíduos em troca de atitudes corruptas.

- **Corrupção necessária** – é assim apontada nas situações em que um indivíduo recorre a atitudes corruptas com o intuito de agilizar processos e burlar o fluxo natural da burocracia, geralmente obtendo concessões ilegais. Diz-se que ela é "necessária" porque o fim é legal, ainda que os meios sejam ilícitos.

- **Corrupção preditiva** – é uma modalidade que se sustenta na expectativa, na previsibilidade de que determinado candidato, uma vez eleito com o apoio ilícito, será subserviente quando efetivamente exercer o cargo para o qual foi conduzido.

- **Corrupção lateral** – corresponde a um formato de largo emprego nas casas parlamentares. São constituídas bancadas (grupos de senadores ou deputados, por exemplo) com o objetivo único de votar em projetos de interesse de determinado segmento ao qual pertencem. O Congresso Nacional do Brasil é abundante nesse exemplar, com agrupamentos de eleitos que nos seus mandatos tratam exclusivamente de questões às quais estão vinculados. São proeminentes as que concentram o agronegócio, de grande poderio econômico; e as bancadas de evangélicos, compostas por pastores que ingressam na política sob o patrocínio de igrejas e atuam a favor dessas instituições que são, na verdade, empresas geradoras de lucros e multiplicadoras de fortunas. Na atualidade o país vê o crescimento de bancadas do crime organizado: são figuras com debilidade de caráter que operam pela moderação de leis a favor da criminalidade, sendo elas próprias beneficiárias das benesses. Cerca de 30% dos membros do mais alto colégio parlamentar do país são condenados em primeira instância ou respondem a processos por crimes que vão do estupro ao tráfico de drogas, da pedofilia ao homicídio.

b) Modus operandi

Dentro da administração pública há as práticas que podem ser consideradas ordinárias; obedecem a um padrão conhecido dos especialistas. Os Tribunais de Contas têm esses modelos claramente identificados, porque se repetem em escala geral seguindo uma rotina. Ainda assim, o controle dessas Cortes não arrefece os ânimos dos corruptos em face da pouca efetividade da resposta. O volume de ocorrências é de tal ordem que os processos de aferição e julgamento não atendem a ínfima parcela. Ademais, as consequências das condenações são insignificantes: estima-se que somente 2% dos valores desviados retornam aos cofres públicos.

Sem esgotar a identificação, apontam-se os seguintes meios de alcance do dinheiro público:

- **Superfaturamento** – aqui há uma combinação de preços entre agentes públicos e empresas fornecedoras de obras, produtos e serviços. No cálculo os valores são superdimensionados, de forma a garantir ao corruptor maior lucro que o devido e ao corrompido, de dentro da administração oficial, a correspondente cota de vantagem. Como muitas operações somam cifras estratosféricas, quinhões de 3% a 5% são suficientes para um gestor desonesto constituir fortuna em seis meses de atuação.

- **Acréscimo no volume** – representa o aumento na quantidade, superestimando o necessário para atender o serviço público. No período caótico da pandemia da COVID-19 esse expediente foi usado sem freio inibitório, facilitado pela autorização legal para contratações emergenciais, com dispensa de certames de busca da proposta mais vantajosa. E assim se tornaram usuais a compra de testes para exames em quantidades para muito além da demanda, bem como equipamentos de proteção individual para profissionais de saúde e medicamentos cujos estoques nunca serão aproveitados.

- **Contratação simplesmente desnecessária** – a exemplo do modelo anterior, ela pode vir combinada com o superfaturamento. Torna-se uma ação ainda mais gravosa porque, diferentemente do aumento do volume, aqui o contrato é formalizado sem o pressuposto de qualquer necessidade. Até prédios públicos são construídos e jamais ocupados, porque desde o início o propósito não era a utilidade, mas as vantagens do negócio em si. Concluída a obra, jamais é equipada e se vê consumida pela depredação ou pelos efeitos do abandono ao tempo.

- **Direcionamento** – trata-se de uma conduta que muitas vezes, para maior proveito ilícito, é compartilhada com as formas de superfaturamento e acréscimo de volume. Neste caso, o agente público, à margem do princípio da impessoalidade, escolhe por conveniência o detentor do contrato; ele direciona a licitação mediante fraude nos procedimentos. Os atos oficiais têm aparência de legalidade, mas trazem vícios de origem na medida em que uma empresa é favorecida; compromete-se a isonomia, afastando-se os demais concorrentes das oportunidades de contratação com o poder público; e, evidentemente, essa opção é expressivamente recompensada.

- **Inserção de dados falsos em sistemas de informação** – acontece quando a habilitação de um fornecedor, por exemplo, depende da regularidade fiscal ou de apresentação de documentos que atestem a idoneidade. Essas exigências podem ser suprimidas, compensadas pela inclusão de dados falsos com o objetivo de ludibriar o controle.

- **Falsificação de notas fiscais** – no meio probatório costuma-se dizer que um documento pode ser materialmente ou idoneamente falso. A falsidade material acontece quando o documento é fabricado para produzir uma verdade que não existe; ou é adulterado, para mascarar uma informação existente. A inidoneidade do documento ocorre, por sua vez, quando o conteúdo é inverídico. Nesse cenário, sem prejuízo de exemplos em outros documentos, estão as falsificações em notas de caráter fiscal, com base nas quais há o recolhimento dos respectivos tributos. A corrupção utiliza a fabricação da nota para "provar" um pagamento de algo que não foi efetivamente adquirido; a adulteração do conteúdo quando são alteradas as quantidades, os valores ou as datas; ou na descrição de um objeto contratado que não corresponde à realidade. Na quixotesca luta contra a corrupção, tem-se encontrado situações bizarras: nota fiscal que atesta aquisição de uniformes de serviço quando, na verdade, foram adquiridas vestimentas de grife para o exibicionismo de detentores de cargos públicos; documentos que registram a compra de equipamentos de informática com destino a estabelecimentos escolares podem disfarçar compras de joias para a luxúria de amantes.

Sem esgotar a criatividade dos criminosos que cercam o poder, essas ocorrências são as que se encontram na vitrine da corrupção administrativa, de aproveitamento habitual, ordinário, nos três níveis da federação: municipal, estadual e federal. Os corruptos formam uma rede de colaboração, que envolve políticos, gestores, funcionários da burocracia e empresários, todos despidos de pudor. Pode-se incluir nessa composição criminosa até agentes controladores. A denominada Operação Lava Jato, iniciada em 2014, desnudou o envolvimento de autoridades de todos os poderes nessa teia de aproveitamento ilícito dos recursos provindos dos pesados impostos pagos pela sociedade. Mas o interessante é que ela própria, a Operação em si, não escapou de ver alguns dos seus membros mais ativos com a biografia na lama, envolvidos em interesses escusos, fraudes e obtenção de vantagens ilícitas.

A essa fórmula de manipular contas, informações e documentos na administração da coisa pública tem-se a acrescentar a corrupção ampla que se manifesta em diversas operações; ela pode se dar na fraude de eleições, com abuso do poder econômico que desequilibra as disputas, assim como é possível que esteja na troca de favores que agentes públicos fazem entre si, subvertendo a ordem jurídica. O rompimento com os limites morais tem uma infinidade de versões e assim pode se compreender como corrupto até mesmo o cidadão cooptado, que entrega a sua consciência para os deuses do descaso.

c) Causas da corrupção

Está claro que as causas da corrupção estão associadas ao desenho das peculiaridades do Brasil, com a sua raiz histórica apodrecida. A corrupção é endêmica; a população nativa convive com o fato desde a formação do Império e, ao longo de décadas, acostumou com a extensão e naturalidade do crime perpetuado contra a sua própria dignidade. A habitualidade criou esse ambiente e a vida pública passou a ser vista como lugar de enriquecimento, para onde migram psicopatas institucionais e corporativos. E sendo esses tipos hábeis manipuladores, usam o povo como se os favorecessem; e parcela do povo, como as vítimas de estelionatos, acredita que, de alguma forma, está tendo vantagem quando abordada pela ação desses larápios.

É evidente que a corrupção tem a dimensão do mundo. A diferença é que em democracias sólidas o controle é presente, com substancial redução dos fatos e dos montantes; nas democracias débeis, o crime encontra maior proporção e avança mais, para apodrecer a todo tecido social. O Brasil tem o agravante histórico de tal forma que mesmo aqueles que são alcançados pela lei e levados a julgamento repetem os crimes de dentro dos presídios, no cumprimento de penas. Quando raramente levados à restrição da liberdade física, usufruem tal ordem de privilégios que, entre as paredes desses estabelecimentos, continuam no gerenciamento de fraudes, alimentando com instruções os seus prepostos que permanecem em pontos sensíveis de órgãos governamentais.

Nesse espaço da sanção criminal é possível a seguinte constatação: i) as investigações são dificultadas pelo tráfico de influência e por prerrogativas funcionais, que limitam a coleta de provas; ii) os julgamentos são demorados; iii) os recursos favorecem os corruptos, sendo rapidamente conhecidos e decididos quando a favor; geralmente levam anos para serem apreciados quando desfavorecem o réu; iv) as penas, quando atribuídas, são desproporcionais à lesão; v) a execução penal brasileira privilegia os ricos, que encontram facilidade na progressão para os regimes semiaberto, aberto e domiciliar. Isso mantém a percepção de que o risco compensa; e a sociedade se habituou a ver na Presidência da República, no comando do Congresso Nacional e nos principais postos da administração federal pessoas com extensa folha de ocorrências criminais. Aquele que hoje é centro de um escândalo nacional, apanhado por vezes em flagrante ou com provas irrefutáveis dos delitos, terá a conduta abonada pelo curso do tempo, durante o qual outros episódios ganharão noticiários. Voltará nas eleições seguintes conduzido pelo voto para o exercício de cargo público; ou, pela inexplicável confiança de um governante, ocupará ministérios, diretorias, superintendências e lugares-chave na burocracia estatal, onde continuará na consecução dos crimes. Esse enredo se repete em todas as esferas da administração em território brasileiro.

A causa inicial e estrutural, portanto, está aqui: o Brasil sempre esteve entregue a ocupantes de cargos públicos que têm os olhos voltados para o próprio umbigo; é gente que utiliza a administração geral como uma feira de negócios próprios ou que permite que terceiros o façam sem o razoável controle. Persistem aqueles que inexplicavelmente acumulam fortunas durante a gestão do erário, sem qualquer outra fonte de ganhos que suportem aferição; e praticamente todos fazem o discurso dos pobres, mantenho-os, todavia, em quantidade de milhões, aprisionados na miséria e na escuridão da ignorância.

Neste particular, aponte-se que na segunda década do século 21 mais da metade da população (52,6%) ainda não possui formação escolar média, conforme apuração do Instituto Brasileiro de Geografia e Estatística (IBGE); é alarmante a quantidade de pessoas consideradas analfabetas funcionais, como são identificados os indivíduos maiores de 15 anos inaptos para a leitura e interpretação de texto básico – logo uma multidão sem capacidade de reflexão e discernimento.[72] A miserabilidade, por seu turno, atinge 50 milhões de brasileiros. É uma situação conveniente para os aproveitadores da mentira. A falta de esclarecimento da maioria que decide pelo voto é parte da sustentação da perversidade; aqueles aos quais nunca foi dada a oportunidade de uma vida digna estão sempre suscetíveis a serem usados como combustível para a máquina de corrupção. O figurino dos corruptos não deixa que a nação se consolide como crítica, verdadeiramente cidadã, exigente de demandas legítimas. Acaba-se por constatar a existência de uma sociedade inconscientemente cúmplice com o crime, alimentando-o com votos em pleitos eleitorais; e substancial parcela dos eleitos, os que verdadeiramente exercem o poder, valendo-se dessa condição para desnutrir as instituições que poderiam se opor ao vandalismo oficial.

A debilidade dos controles internos, a fragilidade das leis, a demora nos julgamentos e a subserviência de uma massa pobre e inculta são, como se percebe, situações interligadas a esse pacote. Por isso, não prosperam as tentativas para o fim dessa modalidade criminosa, de ataque ao erário e uso, direto ou indireto, dos ofícios públicos. Pode-se dizer, enfim, que todos são contra a corrupção, desde que não seja a sua. Nesse tom, os discursos de enfrentamento ecoam por todo o país, leis novas são instituídas (propositalmente com brechas de larga interpretação) e, dessa forma, caminha um povo para o cadafalso, acreditando em cada eleição que os vagabundos oficiais os conduzem para o paraíso.

d) Desdobramentos da obscura prática política

Está claro que a história administrativa e política é um percurso da perversão. Há uma cultura de tolerância com o uso indevido dos cargos públicos. É conveniente avançar nessa pontuação; é interessante que melhor se explique a cena na qual se posicionam os atores sem ética e sem reservas de compaixão. Eles adotam a democracia como um rótulo e dela se aproveitam como se pertencessem às oligarquias, nas quais o poder se concentra em um reduzido grupo de indivíduos. A linha que separa a democracia brasileira do formato oligárquico é praticamente inexistente. A República já nasceu com esse vício. Famílias, grupos econômicos e um ou outro partido comandaram regiões do Brasil e em alguns sítios ainda insistem em fazê-lo, colaborando enfaticamente para os efeitos do atraso. Essa oligarquia tradicional passou por mutações e hoje o Brasil está a reboque de uma configuração exótica, com a seguinte forma: o que seria uma democracia é uma oligarquia; mas o que seria uma oligarquia convencional é uma oligarquia excêntrica, constituída por agrupamento das mesmas pessoas que adotaram a política como profissão ou como um estranho sacerdócio, para o qual não há nem necessidade de fé, nem juramento de sacrifícios. Retirando-lhes o discurso e observando as atitudes, tem-se a certeza de que essa singular congregação não se nutre de ideologia e não se veste de interesse público.

É impressionante a repetição de nomes nas últimas quatro décadas, o que também ocorreu nas décadas precedentes. O político ora está na Câmara dos Deputados, ora no governo do Estado; ora no Senado Federal, ora em um Ministério; ora de volta ao Parlamento, passando nesses intermédios por prefeituras, agências reguladoras e diretorias de estatais para não perder o vínculo e manter as condições de retorno ao primeiro time.

Perceba-se com rigor o retrato dos atuais ocupantes dos mais elevados cargos e mandatos no Executivo e nas Casas congressuais. Eles são os mesmos artistas, a maioria no palco pelo menos desde os anos 1980, quando era desconhecida do público a telefonia celular e sequer se imaginavam os recursos da informática. Os que se afastaram dos cargos, compelidos pela enfermidade, velhice ou óbito tiveram a cautela de deixar os substitutos nos respectivos feudos. Portanto, têm-se praticamente quatro décadas perdidas com pessoas que não disseram aos eleitores e administrados a que vieram, visto que o Brasil continua com os três mais importantes pilares corroídos pela incompetência: saúde, educação e segurança pública. É evidente que nas décadas anteriores a política também era um repasse de pai para filhos e netos. Sem renovação, o país está afastado da trilha que poderia levar à qualidade de vida e ao desenvolvimento nacional, porque aqueles que deveriam trabalhar para tanto não vislumbram esse fim; é inimaginável pessoas circunspectas, nos altos escalões do governo, a planejar políticas públicas para, por exemplo, verdadeiramente erradicar a miséria; reúnem-se, todavia, para escolher a maneira como melhor tirar proveito da exploração da pobreza. Grandes obras não são escolhidas exatamente pela necessidade, mas pela possibilidade de gerarem grandes contratações e propinas, cujos resultados são de vantajoso uso dos próprios construtores e dos débeis morais alojados em gabinetes com a bandeira do Brasil.

e) Eleições de 2018: continuidade do modelo

Aos olhos desavisados, as eleições que ocorreram no Brasil em 2018 representaram uma mudança, que alguns percebem como sendo renovadora e outros a sentem como tendo o signo do obscurantismo. O que se teve nesse pleito, no entanto, foi a simples continuidade do modelo. Nomes conhecidos da política feudal, filhos, sobrinhos, netos e cônjuges foram conduzidos ou reconduzidos para cargos em governo e parlamentos, nos Estados e na União Federal.

As caras novas no Senado Federal representaram pouco mais de 32%; na Câmara dos Deputados, 48%. Isso, por si só, mostra que foram reeleitos em maioria as mesmas figuras que já aqueciam as cadeiras das duas casas que formam o Congresso Nacional. Por outro lado, ainda que a fotografia mude nesse percentual que oscila entre 32% e 48%, muitos dos "novos" são herdeiros de feudos ou pessoas que ocupavam outros cargos públicos e migraram para o Parlamento nacional. Aqueles que figuram entre as novas identidades, sem histórico na política, vieram, todavia, na sombra do mais atrasado sistema eleitoral possível, que é o da demagogia, do oportunismo, com o respaldo de forças tradicionais que patrocinaram o continuísmo.

Esses indivíduos que usam ou que passaram a usar os altos cargos como sítios particulares têm visíveis traços que os identificam como doentes morais e narcisistas destrutivos. Em comum eles possuem uma visão míope do que seja o Estado; não vivem para servi-lo e dele descobrem a cada ano as melhores formas de se servirem.

Nas extremidades da política nacional estão personalidades com o mesmo propósito e os mesmos meios para alcançá-lo. Quando percebem que a junção é necessária, não há qualquer restrição moral para fazê-lo – foi assim que entre os anos 2004 e 2014, sobretudo, a esquerda e a direita formaram a mesma sombra, fatiaram o bolo do governo e dele retiraram cuecas, sacolas e malas de fortunas.

Os dominadores do palanque público foram e continuam como líderes terroristas que mandam fiéis incautos explodirem em seus lugares; esses psicopatas nativos manipulam consciências para irem às ruas e, se for o caso, matarem ou morrerem para defenderem os seus embustes. E, nesse roteiro, eles se mantêm como hóspedes dos palácios e gabinetes oficiais, tramando o tempo todo. Há um país dividido por conta deles; e eles unidos por conta da mesma proposta: o exercício do poder pelo poder e o enriquecimento constante as custas dos impostos da nação.

O livro já demarcou: pode-se generalizar o fenômeno; talvez não seja prudente totalizar, o que é distinto. Deve-se apontar, por coerência, que há expressões isoladas de renovação e de arejamento. No entanto, aqueles poucos que levam para os seus ofícios o ideário cívico são atropelados pelos interesses do chamado mercado, que financia os ocupantes dos mais altos escalões; são esmagados pelas bancadas corporativas. O Brasil continua sem uma agenda nacional. Dorme-se com uma ordem jurídica, acorda-se com outra; o sol se põe com uma decisão do governo que, ao amanhecer, se descobre que não possui consistência.

No momento em que esses apontamentos são feitos, o Presidente da República do Brasil fecha acordos com bloco de políticos tradicionais que formam uma entidade popularmente conhecida como Centrão[73]. Nesse grupo estão abrigados notórios aproveitadores do erário; são ratos que desde a Assembleia Nacional Constituinte rondam as prateleiras que guardam o dinheiro do povo. Estiveram na direita no início dos anos 1990, foram para a centro-esquerda na metade da década, pularam para a esquerda em 2004, voltaram para a direita em 2016 e agora se agasalham na extrema-direita. Essas guinadas de direção não são ideológicas como se poderia pensar, são da estratégia do jogo pernicioso. O preço disso: i) verbas públicas para alimentar os feudos eleitorais, onde regulam e se beneficiam de contratos públicos; ii) cargos em áreas estratégicas do governo, que usam diretamente ou por representantes para fraudarem certames de compras, superelevarem preços e receberem em troca elevadas propinas que são distribuídas em três compartimentos do cofre: uma parte para si, uma parte para a próxima campanha eleitoral, uma parte para o partido a que oficialmente pertencem, que gerencia o sistema com os demais partícipes da trama.

Esse programa já fora registrado pelo lendário jurista Rui Barbosa em 1910, ao descrever a mistura de assuntos públicos com interesses privados. Deixou para a história a triste constatação: "De tanto ver triunfar as nulidades, de tanto ver agigantarem-se os poderes nas mãos dos maus, o homem chega a desanimar da virtude". No mesmo discurso proferido no Senado da República no início do século 20, Barbosa disse o que se mantém atual:

> A falta de honestidade, senhores senadores, é o grande mal da nossa terra, o mal dos males, a origem de todas as nossas infelicidades, a fonte de todo nosso descrédito, é a miséria suprema desta pobre nação. A sua grande vergonha, diante do estrangeiro, é aquilo que nos afasta os homens, os auxílios, os capitais. A corrupção, senhores, desanima o trabalho, a honestidade, o bem; cresta em flor os espíritos dos moços, semeia no coração das gerações que vêm nascendo a semente da podridão, habitua os homens a não acreditar senão na estrela, na fortuna, no acaso, na loteria da sorte, promove a desonestidade, promove a venalidade, promove a relaxação, insufla a cortesania, a baixeza, sob todas as suas formas.

Mais de um século depois a configuração se assemelha. A corrupção possui o mesmo ambiente, o mesmo ar, a mesma capacidade de propagação. Por qualquer que seja a régua, percebe-se no cotidiano a ação dos corruptos: pela imprensa, pelos dados do Ministério Público, pelos relatórios das Cortes de Contas. E, obviamente, a corrupção não tem partido político. Ela em si é um partido, com o seu ideário, o seu método e os seus protagonistas.

Esses indivíduos que usam os altos cargos como tronos absolutos têm visíveis traços que os identificam como doentes morais e narcisistas destrutivos. São esses hóspedes dos palácios e gabinetes oficiais que tramam o tempo todo para manterem os privilégios, aumentarem as receitas particulares e, de sobra, inviabilizarem a competição por parte de uma parcela ínfima de brasileiros esclarecidos.

f) A política, a mentira e os psicopatas

O exercício contumaz da mentira deveria ser banido pela consciência cidadã, mas ela é inerente da política porque é um recurso importante para quebrar em pedaços os valores morais. Mentir é uma forma de corromper; conviver sem resignação com a mentira é uma forma singular de cumplicidade.

Quem mente de forma despudorada, manipula pessoas para os seus propósitos, aproveita-se dos cargos para benefício próprio e não mostra nenhuma habilidade para a gerência dos interesses sociais não é político, embora se apresente como tal; é transgressor ou aventureiro. Política pura é a ciência da governança; e político é aquele capaz de unir o seu povo, planejar serviços públicos e promover o desenvolvimento e a paz.

Nas campanhas eleitorais, a mentira apresenta-se de corpo inteiro. Muitos candidatos apostam na maquiagem como argumento de sedução. Na propaganda eleitoral, são vários os que aparentam quinze anos a menos. Recursos de computação gráfica garantem fotografias retocadas com requinte. A tecnologia consegue tudo: suaviza as rugas, limpa e endireita os dentes, aumenta ou alisa o cabelo. O professor Paulo Teixeira de Morais, que disputou dignamente o cargo de presidente da República de Portugal em janeiro de 2016, disse em visita ao Brasil em junho de 2015: "Os partidos do poder transformaram os processos eleitorais em circos de sedução em que acaba por ganhar quem é mais eficaz a enganar os cidadãos. As eleições transformaram-se assim em concursos para a escolha do maior mentiroso. E o troféu em jogo neste concurso é a chefia do Governo". A leitura da política portuguesa feita por Morais tem a medida do que se assiste no Brasil: "Temos em Portugal uma política onde a mentira tem sido a marca recorrente. Os candidatos tudo prometem em campanha e uma vez no poder esquecem os seus compromissos eleitorais".

O emprego sistemático da mentira é algo que pode ser associado à psicopatia. "Os políticos costumam aferrar-se ao poder como psicopatas", diz Hugo Marietan, médico-psiquiatra argentino e professor na Universidade de Buenos Aires em entrevista ao jornal La Nación. A questão não é estranha. A Universidade de British Columbia, no Canadá, tem estudos relevantes sobre o que se denomina "psicopatas corporativos". Invariavelmente inteligentes e charmosos, eles estão instalados nas grandes organizações públicas e privadas e tramam constantemente na busca insaciável de poder.

O psicopata não é necessariamente, como se pensa na comunidade leiga, o autor de crimes brutais. Nem todo psicopata é violento, embora a sua imagem esteja associada aos crimes em série. Afinal, as barbáries chocam o grande público porque ganham, pelos contornos de sangue, grandes espaços na mídia. O que se sabe com segurança, entretanto, é que todo *serial killer* é um psicopata, mas nem todo psicopata é um criminoso em série (ou mesmo autor de crime com componentes de violência física). Estima-se que 1% da população mundial seja constituída de psicopatas e 4% tenham graves desvios de personalidade. Assim, o Brasil teria pelo menos dois milhões de psicopatas, ao mesmo tempo em que, pelos registros policiais, não possui mais do que 50 assassinos na linha de *serial killers*. A grande maioria dos psicopatas está nas ruas, nas empresas, em lares bem postos e, evidentemente, dentro do serviço público, com presença expressiva em cargos de mando. Aqui, inclusive, por uma questão muito especial: o psicopata vive do poder.

Acomodados em bons ofícios, experimentam a oportunidade singular de manipular pessoas e obter vantagens de toda espécie. Nem sempre – como já se disse – o indivíduo acometido desse distúrbio pratica a maldade por ser este o resultado que quer. A regra é outra: é uma pessoa extremamente individualista que procura facilitar as coisas para si, sem se importar se isso causará tristeza ou prejuízo a alguém. Às vezes, causa; às vezes não. Em prejudicando terceiros, todavia, em levando até um país à desgraça, em nada se importa porque é absolutamente desprovido de sentimentos.

É a ação dos psicopatas no meio da política e da administração pública que tornou o mundo mais empobrecido e sem perspectivas para bilhões de seres humanos. Entra nessa lista, por certo, Robert Mugare que, na Presidência do Zimbabwe, fez o seu povo experimentar níveis insuportáveis de pobreza, com escassez de comida e combustíveis e com uma taxa de inflação de 165.000%. Apesar disso, ao ser derrotado em eleições em 2008, manipulou a divulgação de resultados com o sentido de prolongar a permanência no poder, que já se estendia por 28 anos. Saddan Hussein era psicopata, como Joseph Stalin. De Adolf Hitler, diz-se que não era "apenas" psicopata. Jean-Claude "Baby Doc" Duvalier, que na década de 1970 assumiu a condição de presidente vitalício do Haiti, é outro exemplo. Proprietário de luxuosas mansões na França à custa de corrupção, ele foi um governante indiferente ao flagelo de seis milhões de haitianos a quem competia proteger. Em linha similar, esteve Idi Amin, em Uganda. A sua ditadura foi caracterizada por genocídios e requintes de crueldades nas execuções, daí as alcunhas atribuídas a ele pelo povo ugandense: "o talhante (açougueiro) de Kampala" e "senhor do horror". É do contingente dos portadores deste transtorno que saem, portanto, os autores dos piores crimes contra a humanidade, embora muitos deles permaneçam desconhecidos porque, sem terem rastros de sangue, não ganham visibilidade. São crimes que, muitas vezes, não fazem vítimas individuais e que são perpetuados por indivíduos acima de qualquer suspeita. Entram aqui, senão crimes (ou crimes ditos de pequeno potencial ofensivo), condutas que não resistem a um confronto com a moralidade. É o político que acha natural emprestar bens públicos para uso particular de familiares; ou ter empregada doméstica oficialmente lotada em gabinete à custa do erário. São o alto assessor e o ministro de Estado que consideram legal pagar despesas particulares com cartões corporativos; é o gestor que, sob o pretexto de terceirizar serviços, considera correto impor à empresa contratada que coloque na sua folha de pagamentos parentes e protegidos; é o administrador que substitui profissionais do serviço jurídico para obter pareceres de encomenda; é o servidor que semeia intrigas para afastar concorrência e galgar espaço nas funções gratificadas. Todos, com grau maior ou menor de perversidade, são danosos ao interesse público, são pragas que infestam as estruturas originalmente formatadas para prestar serviço em padrões de decência.

Não há dificuldade para se identificar ações de psicopatas instalados nos mais nobres espaços do poder, em todos os níveis da Federação. Flagrados pela imprensa em condutas nocivas, imorais e perversas, esses indivíduos têm desculpa para tudo, enquadrando-se no perfil descrito por Hervey Cleckley. Para o autor, o psicopata não se sente culpado pelos vários importunos causados a outrem em função de suas ações irresponsáveis. Geralmente, ele se exime de qualquer responsabilidade e acusa diretamente outras pessoas.

O psicopata cria inimigos imaginários

Há casos recentes na política sul-americana de governantes que adotaram o mantra de debitar as suas ineficiências ao imperialismo americano ou a outros inimigos imaginários e genéricos, como a burguesia ou a direita reacionária. No Brasil, novamente em 2018 foi escolhido o moribundo comunismo como recurso semeador do medo (o mesmo que aconteceu com Vargas nos anos 1930, com Dutra nos anos 1940, com Lacerda nos anos 1950, com os ditadores nos anos 1964-1985); sempre uma ameaça iminente, com a destruição da família, a desapropriação de terras e imóveis urbanos, a multiplicação da violência, a interferência do Estado na vida das pessoas. De volta, portanto, o palavrório farofa de quem usa o clima aterrorizante que cerca os comunistas, como se houvesse legião de antigos chineses, velhos soviéticos e guerrilheiros cubanos a marchar rumo às fronteiras do Brasil em uma cruzada predatória. Quem não mais acredita em Papai Noel e no coelhinho da Páscoa crê fervorosamente nessa lorota. Assim fica fácil para os psicopatas: qualquer denúncia com provas é coisa de esquerdista; a reivindicação de prioridade social equivale aos *perigos* da bandeira vermelha. O comunismo é a Geni da letra de Chico Buarque, feita para apanhar e boa de cuspir.

O retrato falado do psicopata institucional

Pelo reflexo do tema na política brasileira é conveniente recolher do já citado Hervey Cleckley as principais características do psicopata. Sem aqui esgotar a lista, merecem destaque:

- aparência sedutora e boa inteligência;
- não confiabilidade;
- desprezo para com a verdade;
- falta de remorso ou culpa;
- pobreza geral na maioria das reações afetivas.

De indivíduos assim está infestada a política nacional. Não é preciso esforço para o cruzamento das características acima com fatos e nomes que estão frequentemente nos escândalos em todos os nichos da Federação. Muitos, todavia, por certo em maior número, ainda operam silenciosamente. Espertos, manipulam, articulam e escapam. Tem-se nesse caderno a leitura de que há ratos habilidosos no processo de romper com a verdade; desde que a mentira pavimente o caminho para o poder, espalham a mascarra da demagogia que leva ao delírio do povaréu à soçaite.

g) Efeitos da corrupção

Não se poderia esperar que o Brasil recolhesse benefícios com esse modelo de prática política e de exercício do poder. Na medida em que parte dos recursos do Tesouro é desviada para interesses privados e enriquecimento ilícito, faltam verbas públicas para a realização de obras e serviços necessários à sociedade. Os brasileiros trabalham quatro meses por ano para o Estado; dele não recebem a contrapartida. Educação, saúde, transporte e até segurança tornaram-se serviços particulares, obviamente pagos pelas verbas pessoais de quem pode fazê-lo. A maioria pobre da população fica com as migalhas, como escolas desprovidas de biblioteca, energia elétrica, instalações sanitárias e, naturalmente, de proposta pedagógica e de professores com remuneração digna. A grande massa humana trabalhadora utiliza veículos do transporte público que, em alguns lugares, lembra a condução de animais para abate; 51,9% da população brasileira não tem acesso à coleta de esgoto, de acordo com dados do Sistema Nacional de Informações sobre Saneamento[74]. O desfile de horrores é enorme.

Considere-se que a corrupção é o início, o meio e o fim do modelo político brasileiro. Os agentes corruptos, que ficam nos principais postos, não possuem em

regra aptidão administrativa, cultura razoável, e conhecimento sustentado na ciência e no planejamento.
O mesmo acontece com os seus prepostos. Todos que
estão ali têm o mesmo propósito, que não é o de servir
à pátria. Além dos vícios morais, eles carregam a incompetência gerencial; não mostram para os ofícios
públicos a mesma habilidade enquanto estelionatá-
rios. Logo, não bastasse o ataque ao erário, esses indivíduos causam enorme lesão ao país pela inoperância
ou pela incapacidade de aplicação adequada da parcela que não foi retirada do Tesouro. Uma vez que o Tribunal de Contas da União identificou mais de 14 mil
obras públicas federais paralisadas em todo o país[75],
aqui está a amostra da combinação entre desvio de recursos e incompetência administrativa.

CONCLUSÃO

Em conclusão, qualquer indicador de pesquisa aponta para elevadas cifras no desvio de recursos públicos por esquemas de corrupção, alguns montados com sofisticado nível de planejamento. Também resta evidente que a corrupção está assentada no modelo político e administrativo que o Brasil mantém desde a sua independência. O fim do Império não afastou os maus costumes nem implantou práticas republicanas. A história política brasileira não pode ser escrita sem nela incluir as bases da corrupção, pois foi ela quem pavimentou os acessos ao poder de praticamente todos os governantes, alguns com mais, outros com menos envolvimento pessoal.

Até mesmo golpes militares sucedidos nas décadas de 1930 e 1960 tiveram patrocínios que podem ser enquadrados em uma das modalidades de corrupção, no mínimo na expectativa de favorecimento dos conduzidos àqueles que financiaram as tramas e as execuções.

Não há solução fora da mudança do sistema político. E o sistema político não se deixa mudar. Pelo menos há 30 anos há movimentos de organizações sociais nesse sentido; a cada eleição nacional o tema é renovado e as promessas atualizadas. Mexem-se em direitos trabalhistas e previdenciários, alteram-se para cima as alíquotas tributárias, há reformas na estrutura profissional do Estado, relativa ao funcionamento das repartições, mas não se alteram as regras de efetividade que poderiam impedir o ingresso de corruptos nos principais nichos de decisão.

O pesquisador que não tiver familiaridade com os fatos, limitando-se aos informes legais e publicitários, terá a impressão de avanços. Experimentará boas sensações com a chamada Lei da Improbidade Administrativa, que traduz a pretensão de enfrentar com eficácia o enriquecimento ilícito; terá agradável surpresa com a Lei da Ficha Limpa, que teoricamente não permite a ocupação de cargo público por condenados em segunda instância na Justiça criminal; encherá os olhos com leis que remetem para a responsabilidade política dos principais governantes – e aqui estão leis em vigor desde a metade do século passado. Todas elas têm tubos de escape, de maneira que os corruptos de especial hierarquia conseguem sair sem dificuldade, se escondendo nos esgotos até a oportunidade seguinte.

Ações policiais cinematográficas e exposições midiáticas de autoridades presas entre 2014 e 2018 apresentaram ao mundo a perspectiva de um exemplo de enfrentamento dessa configuração de crime. No entanto, não foi preciso que os pesquisadores aguardassem décadas dos fatos para encontrar elementos que permitissem escrever com fidelidade a história desse período. A própria Operação Lava a Jato é um capítulo a ser inserido nos casos de corrupção, por fraudes processuais, violação do devido processo legal, vantagens ilícitas obtidas por protagonistas de dentro das instituições que a sociedade imaginava serem morais e moralizadoras. A promoção pessoal desses agentes estava no planejamento e disso se aproveitaram para vantagens indiretas, sendo as principais as palestras remuneradas, as receitas com livros de forte apelo e a ascensão a cargos públicos de confiança, emprestando a terceiros a imagem de suposta lisura. A Associação Brasileira de Juristas pela Democracia listou pelo menos quatro condutas que teriam sido praticadas pelo então magistrado, visto como símbolo da coragem e decência nacional: prevaricação, abuso de autoridade, improbidade administrativa e formação de quadrilha.[76] O que parecia ser um expediente exemplar de atuação da Polícia Judiciária, do Ministério Público e da Magistratura está a se mostrar como um apêndice da podridão do processo político eleitoral, que se valeu da credibilidade do Poder Judiciário para lubrificar as correntes da corrupção.

Vê-se que corruptos lançam redes ao mar; invadem todas as estruturas do Estado e delas se aproveitam. Em essência, em 2018 o discurso da moralidade e da anticorrupção foi utilizados para levar a governos e casas parlamentares figuras melancólicas, patéticas, para lá darem seguimento às práticas imorais e corruptas.

* *

O lado figurativo dessa realidade é notado com o fato de os heróis nacionais até agora serem principalmente aqueles que cometeram alguma forma de atrocidade humana. Dos vultos da pátria, festejados oficialmente, poucas biografias resistem a uma análise pelo prisma da moralidade; e, nesse contorno, seguidas gerações se acostumaram a celebrar os corruptos como exemplos de prosperidade e de liderança.

São percentualmente insignificantes os logradouros aos quais são atribuídos nomes de personalidades das ciências, das artes e dos valores civilizatórios; em contrapartida as ruas, praças, bairros e prédios públicos ostentam como patronos as figuras que geralmente passaram para a história nacional, regional ou municipal sem o filtro da dignidade. Políticos na maioria,

oportunistas quase todos, são as referências que ficaram e se amontoam como paradigmas de uma sociedade doente.

FONTES

1 Citada por Danilo Bueno em "Estudo com ratos ajuda a entender respostas instintivas do cérebro humano" - https://www5.usp.br/noticias/especial-2/estudo-com-ratos-ajuda--a-entender-respostas-instintivas-do-cerebro-humano/

2 https://www.nationalgeographicbrasil.com/animais/2020/03/ratos-comportamento-humanos-empatia--pesquisa-sociopata-mamifero-evolucao

3 https://veja.abril.com.br/blog/sobre-palavras/o-rato-e-ladrao-ha-pelo-menos-400-anos/

4 Quando o Rei Dom João VI mudou a Corte portuguesa para o Brasil, em 1808, cerca de 99% dos brasileiros eram analfabetos.

5 https://aventurasnahistoria.uol.com.br/noticias/reportagem/suborno-nepotismo-compra-de-titulos-os-escandalos-de-corrupcao-nos-tempos-de-dom-pedro-i.phtml

6 https://aventurasnahistoria.uol.com.br/noticias/reportagem/suborno-nepotismo-compra-de-titulos-os-escandalos-de-corrupcao-nos-tempos-de-dom-pedro-i.phtml

7 Santos, Adelson Barbosa dos. "Roubo Milionário no Império: corrupção e roubalheira no Braasil desde Dom João VI" – Portal do Correio, agosto de 2016.

8 Melo Filho, Murilo – "Pedro II: monarca republicano": https://www.academia.org.br/artigos/pedro-ii-monarca-republicano

[9]https://www.gazetadopovo.com.br/vida-publica/peque-na-historia-da-corrupcao-no-brasil

[10]https://jus.com.br/artigos/67950/corrupcao-politica-u-ma-historia-brasileira

[11]Santos, Cláudio Gonçalves. "Brasil, república e corrup-ção": https://administradores.com.br/noticias/brasil-re-publica-e-corrupcao

[12]http://www4.pucsp.br/neils/downloads/v11_12_elsio.pdf

[13]https://www.infoescola.com/politica/aristocracia/

[14]https://www.amazon.com/a%C3%B1o-antigua-Roma-co-tidiana-calendario-ebook/dp/B078KRDQGY

[15] "A longa história das notícias falsas" – 18 de junho de 2018.

[16]https://brasil.elpais.com/brasil/2018/06/08/cultu-ra/1528467298_389944.html

[17]https://www.hypeness.com.br/2018/08/pega-na-menti-ra-8-fake-news-que-mudaram-o-curso-da-historia-antes-da-era-trump/

[18]Rampinelli, Waldir José. "Chatô: o rei da chantagem" – publicação do Sindicato dos Professores das Universida-des Federais de Santa Catarina, 2020.

[19]https://www.ethos.org.br/cedoc/o-papel-da-midia-no-combate-corrupcao/

[20]https://www.cp2.g12.br/ojs/index.php/encontros/arti-cle/view/2020/1390

[21]Agência Senado - https://www12.senado.leg.br/noticias/materias/2016/02/12/por-201cmoral-e-bons-costumes-

201d-ha-70-anos-dutra-decretava-fim-dos-cassinos-no-
-brasil

[22]https://www.sindipetroalse.org.br/noticia/1279/maracutu-
ais-e-corrupcao-desde-o-governo-do-general-dutra

[23]https://blogs.correiobraziliense.com.br/azedo/nas-en-
trelinhas-rouba-mas-faz/

[24]https://uniprag.com.br/blog/entenda-o-comportamen-
to-dos-ratos-para-realizacao-do-controle-e-prevencao/

[25]https://www.bbc.com/portuguese/geral-51472529

[26]Jornal do Brasil, 8-9 de março de 1964, pág. 3.

[27]O Globo, 11 de março de 1964, pág. 1.

[28]Diário de Notícias, 12 de março de 1964, pág. 4.

[29]http://www2.dbd.puc-rio.br/pergamum/tesesaber-
tas/0812292_10_cap_04.pdf

[30]State Department, Top Secret Cable from Amb. Lincoln
Gordon, March 29, 1964. Disponível em: https://nsarchi-
ve2.gwu.edu//NSAEBB/NSAEBB118/bz05.pdf

[31]http://www.observatoriodaimprensa.com.br/liberdade-
-de-expressao/liberdade-de-informacao/ha-meio-seculo-
-os-escrupulos-foram-mandados-as-favas-e-as-portas-do-
-inferno-se-abriram-no-brasil/

[32]http://www.observatoriodaimprensa.com.br/liberdade-
-de-expressao/liberdade-de-informacao/ha-meio-seculo-
-os-escrupulos-foram-mandados-as-favas-e-as-portas-do-
-inferno-se-abriram-no-brasil/

[33]https://www.infoescola.com/historia-do-brasil/pacote-
-de-abril/

[34]Renato Cancian (29 de setembro de 2006). UOL, ed. «Governo Geisel (1974-1979): "Distensão", oposições e crise econômica»

[35]https://www1.folha.uol.com.br/ilustrada/2020/01/joao-figueiredo-conduziu-a-transicao-em-meio-aos-atentados-da-linha-dura.shtml

[36]Memória Globo - https://memoriaglobo.globo.com/jornalismo/coberturas/atentados-contra-a-oab-e-a-abi/

[37]https://www.cartacapital.com.br/opiniao/faz-43-anos-o-dia-em-que-golbery-levou-geisel-a-dar-o-passo-certo/.

[38]https://noticias.uol.com.br/politica/ultimas-noticias/2015/04/01/conheca-dez-historias-de-corrupcao-durante-a-ditadura-militar.htm?cmpid=copiaecola

[39]https://www.dci.com.br/politica/corrupcao-na-ditadura/3365/

[40]https://brainly.com.br/tarefa/21273632

[41]https://brasil.elpais.com/brasil/2019/01/05/internacional/1546722599_121018.html

[42]https://g1.globo.com/mundo/noticia/2018/08/25/justica-do-chile-conclui-que-augusto-pinochet-desviou-dinheiro-publico.ghtml

[43]https://www.dw.com/pt-br/opini%C3%A3o-peru-uma-democracia-em-crise/a-55620416

[44]"As raízes da corrupção (e como combatê-la)" - https://super.abril.com.br/comportamento/as-raizes-da-corrupcao-e-como-combate-la/

45Leia mais em: https://super.abril.com.br/comportamento/as-raizes-da-corrupcao-e-como-combate-la/

Juliana Bezerra - https://www.todamateria.com.br/lei-da-anistia/

46em   https://educacao.uol.com.br/disciplinas/historia-brasil/nova-republica-2-sarney-arcabouco-totalitario-e-democratizacao.htm?cmpid=copiaecola

47https://www2.senado.leg.br/bdsf/bitstream/handle/id/441351/PS_1995%20-%200163.pdf?sequence=1

48https://www.abcdoabc.com.br/brasil-mundo/noticia/-anoes-orcamento-fizeram-odebrecht-mudar-estrategia-congresso-44508

49https://luanmesan.jusbrasil.com.br/noticias/465611767/os-10-maiores-casos-de-corrupcao-da-historia-do-brasil

50https://www.cartamaior.com.br/?/Editoria/Politica/Maior-escandalo-de-corrupcao-da-Historia-do-Brasil-foi-a-privataria-tucana/4/31796

51Biondi, Aloysio. O Brasil Privatizado: um balanço do desmonte do Estado. 11ª edição. São Paulo: Editora da Fundação Perseu Abramo, 1999 (pág. 21).

52https://contrafcut.com.br/noticias/livro-bomba-revela-como-governo-fhc-tentou-privatizar-o-bb-e-a-caixa-2c7d/

53https://congressoemfoco.uol.com.br/especial/noticias/nos-jornais-pf-aponta-superfaturamento-de-r-1-bi-em-aeroportos/

54https://www.noticiasagricolas.com.br/noticias/politica-economia/64094-lula-e-dilma-inauguram-hoje-obra-sob-suspeita-no-tocantins.html#.YDTvHFVKjDc

55https://www.infomoney.com.br/politica/campanhas-de-
-dilma-custaram-r-14-bi-tres-vezes-mais-que-o-declara-
do-diz-palocci-em-delacao/

56https://www.gazetadopovo.com.br/politica/republica/
abandono-atrasos-e-sobrepreco-o-destino-das-grandes-
-obras-do-pt-50wvns759xdqbt0xnr5ejdubv/

57https://www.todoestudo.com.br/historia/mensalao-e-
-petrolao

58https://pt.wikipedia.org/wiki/Michel_Temer

59https://noticias.uol.com.br/politica/ultimas-noti-
cias/2018/12/30/temer-o-impopular-o-que-mudou-no-
-pais-em-dois-anos-de-governo.htm?

60https://www.infoescola.com/historia/governo-de-mi-
chel-temer/

61https://veja.abril.com.br/brasil/luiz-fux-eleicoes-podem-
-ser-anuladas-por-causa-de-fake-news/

62 Portal de notícias G1, Por Renan Ramalho, publicado em
24 de junho de 2018. Disponível em https://g1.globo.com/
politica/noticia/tse-faz-pacto-de-combate-a-fake-news-
-com-midias-sociais-e-associacoes-de-empresas-de-co-
municacao.ghtml

63Boletim de notícias CONJUR, publicado em 30 de janeiro de 2018. Disponível em https://www.conjur.com.
br/2018-jan-30/tse-reune-empresas-vale-silicio-debater-
-fake-news

64http://infograficos.estadao.com.br/focas/politico-em-
-construcao/materia/fake-news-devem-causar-impacto-
-em-eleicoes-de-2018

[65] https://www.correiobraziliense.com.br/app/noticia/ciencia-e-saude/2019/10/02/interna_ciencia_saude,793585/estudo-aponta-que-as-fake-news-podem-ser-internalizadas-como-verdades.shtml

[66] https://g1.globo.com/politica/eleicoes/2018/noticia/2018/09/05/pesquisa-ibope-bolsonaro-22-marina-12-ciro-12-alckmin-9-haddad-6.ghtml

[67] https://spotniks.com/as-4-mentiras-mais-contadas-pelos-petistas-sobre-o-governo-lula/

[68] https://cridaosantana.wordpress.com/2015/04/18/governador-alckmin-psdbsp-financia-o-blog-reacionario-implicante-que-se-dedica-a-inventar-mentiras-e-promover-baixaria-na-rede-o-bolsa-coxinha-custa-r-70-mil-mensais-httpift-tt1czkuio/

[69] Portal Jus Brasil: https://leonardosarmento.jusbrasil.com.br/artigos/169909745/discurso-de-lula-na-abi-assusta-o-exercito-vermelho-pronto-para-apunhalar-o-estado-democratico-de-direito

[70] Di Angellis da Silva Alves, G. (2020). La relación entre corrupción y burocracia: estudio criminológico desde la teoría de la oportunidad, El Criminalista Digital, 8, 30-50. Recuperado de: http://criminologia.ugr.es/crimdig/08angellis.pdf

[71] https://blog.idwall.co/corrupcao-tipos-no-brasil/

[72] https://agenciabrasil.ebc.com.br/economia/noticia/2017-12/ibge-brasil-tem-14-de-sua-populacao-vivendo-na-linha-de-pobreza

[73] https://www.politize.com.br/o-que-e-o-centrao/

[74]https://www.eosconsultores.com.br/qual-a-realidade-do-saneamento-basico-no-brasil/

[75]https://www.camara.leg.br/noticias/599773-livro-aponta-14-mil-obras-publicas-paradas-custo-ate-agora-e-de-r-70-bi/

[76]https://www.redebrasilatual.com.br/politica/2019/08/moro-cometeu-quatro-tipos-de-crimes-ao-atuar-na-lava-jato-afirma-juiza/